はじめての
"한글"능력검정시험
ハングル能力検定試験 3級

伊藤英人 ● 監修
Ito Hideto
山崎玲美奈 ● 著
Yamazaki Remina

アルク

【お知らせ】

「ハングル」能力検定試験 2018 年春季 第 50 回より、試験実施時間と問題数が変更されました。

ただし、基本の問題パターンや出題範囲は変更ありませんので、これまで通り、本書で試験対策をしていただけます。 ぜひご活用ください。

① 試験実施時間の変更について
　今までは「筆記」➡「聞き取り」の順に行っていましたが、「聞き取り」➡「筆記」となります。また、間の休憩がなくなりました。

② 問題数の変更について
　筆記問題については、5 級、4 級、3 級に関しては「全 40 問／60 分」に変更になります。なお、聞き取り問題については、各級関係なく「全 20 問／30 分」です。

○ 詳しくは下記 URL をご参照ください。
　ハングル能力検定協会　http://www.hangul.or.jp

CD 使用上の注意
- 弊社制作の音声 CD は、CD プレーヤーでの再生を保証する規格品です。
- パソコンでご使用になる場合、CD-ROM ドライブとの相性により、ディスクを再生できない場合がございます。ご了承ください。
- パソコンでタイトル・トラック情報を表示させたい場合は、iTunes をご利用ください。iTunes では、弊社が CD のタイトル・トラック情報を登録している Gracenote 社の CDDB（データベース）から、インターネットを介してトラック情報を取得することができます。
- CD として正常に音声が再生できるディスクから、パソコンや mp3 プレーヤーなどへの取り込み時にトラブルが生じた際は、まず、そのアプリケーション（ソフト）、プレーヤーの製作元へご相談ください。

はじめに

　韓国語の学習をしていく中で、検定合格という目標を設定したあとに、「まず何から始めたらいいのだろう」と思う人も少なからずいらっしゃると思います。この本では、「ハングル」能力検定試験3級をはじめて受験する人も、自信を持って試験に臨めるよう、実践形式の問題を数多く盛り込みました。

　検定対策本というと、「問題を一度解いてしまったらおしまい」と思われるかもしれませんが、必ずしもそうではありません。本書を利用していただく際には、次のように学習を進めてみてください。

1	1章の「問題パターン別練習問題」を解き、自分の得意な、あるいは不得意な部分を把握するとともに、現段階での自分の力がどのくらいで、合格ラインとはどのくらいの差があるのかを把握。解答はノートなどに別途書き込むと、繰り返して使うことができます。
2	1章の問題を解いてみて、「知識不足」あるいは「未修得」だと分かった文法項目（特に3級レベルでマスターしておく必要があるもの）については2章の「合格のためのマスター事項」で、単語に関しては「別冊単語集」で学習。
3	文法項目、単語を学習した上で再度1章の問題を解き、自分に不足している部分をより具体化する。問題文や正答だけではなく、正答以外の選択肢もなぜ誤りだったのかという視点から、丁寧にチェック。
4	3章の「模擬試験（筆記問題・聞取問題）」を実施し、採点を行う。本番どおりに時間を計り、マークシートを使うと、臨場感が増します。3と同じく、問題文や正答だけではなく、正答以外の選択肢もなぜ誤りだったのかという観点から、確認しましょう。

　このように段階的に検定対策を行えば、3級出題範囲の内容を何度も繰り返すことになるので、本番の試験に向けて十分備えることができます。解けなかった問題は怖いものではありません。むしろ、それこそが自分自身の弱点克服への大きなヒントになってくれると信じて、ぜひ繰り返し本書と向き合ってください。繰り返し読み込んだ本書こそが、今後の自信につながっていくはずです。

　最後に、本書の作成にあたり支え続けてくださったアルク 韓国語ジャーナル編集部の皆様、そして監修者として数多くの助言をくださり、見守ってくださった、恩師でもある伊藤英人先生に、この場を借りて厚く御礼申し上げます。

山崎玲美奈

はじめての ハングル能力検定試験3級 目次

はじめに ·· 3
3級のレベルと合格ライン ··· 5
本書の使い方 ··· 6

1章　問題パターン別練習問題 ·· 7
　　　発音(8)◆ 語彙(14)◆ 語尾・慣用表現(22)◆ 類似した表現(28)◆ 複数の意味を持つ表現(34)◆ 対話文完成(42)◆ 漢字語(50)◆ 対話文読解(54)◆ 長文読解(60)◆ 韓文和訳(68)◆ 和文韓訳(74)◆ 聞取問題(80)

2章　合格のためのマスター事項 ································· 121
　　　3級合格のために 5つのポイント(122)◆ 発音変化(125)◆ 漢字語(128)◆ 変格活用(136)◆ 連体形(147)◆ 引用形(150)◆ 한다体(156)

3章　「ハングル」能力検定試験3級　模擬問題 ··············· 159
　　　筆記問題 ··· 159
　　　聞取問題 ··· 173
　　　筆記問題　正答一覧 ·· 182
　　　筆記問題　解答と解説 ··· 183
　　　聞取問題　正答一覧 ·· 207
　　　聞取問題　解答と解説 ··· 208
　　　模擬試験　マークシート ······································ 221

別冊　単語集(取り外し可能、『トウミ』改訂版に準拠)

3級のレベルと合格ライン

3級のレベルと合格ラインは、以下の通りです。

- 中級前半の段階。60分授業を160回受講した程度。
- 日常的な場面で使われる基本的な韓国・朝鮮語を理解し、それらを用いて表現できる。
- 決まり文句以外の表現を用いて挨拶などができ、丁寧な依頼や誘いはもちろん、指示・命令、依頼や誘いの受諾や拒否、許可の授受など、さまざまな意図をおおまかに表現することができる。
- 私的で身近な話題ばかりでなく、親しみのある社会的出来事についても話題にできる。
- 日記や手紙など、比較的長い文やまとまりを持った文章を読んだり聞いたりして、その大意をつかむことができる。
- 単語の範囲にとどまらず、連語など組み合わせとして用いられる表現や、使用頻度の高い慣用句なども理解し、使用することができる。
- 100点満点［筆記60点／必須得点24点（60分）、聞取40点／必須得点12点（30分）］で、60点以上合格。

なお、3級ではマークシートを使用します。

※以上のレベルと合格ラインは、2023年6月現在のものです。

本書の使い方

1章 ◆ 問題パターン別練習問題

　検定問題の問題パターン別に、実践形式の練習問題を用意しました。1つの問題パターンにつき、10問程度出題しています。数多くの問題を解きながら、検定試験合格のために必要な文法事項や語彙などを身につけることができます。聞取問題は、CD1を聞きながら解いてください。問題を解き終わったら、「解答と解説」を読み、問題パターンごとの形式や注意点、どうしてこの正答が導かれるかについて確認しましょう。また、正答以外の選択肢についても、理解を深めておくとよいでしょう。なお、赤シートを活用しながら、「解答と解説」を確認することができます。

2章 ◆ 合格のためのマスター事項

　3級合格のために欠かせない文法上の重要事項について書かれています。今まで学んできたことを、整理する時にも活用してください。

3章 ◆ 「ハングル」能力検定試験3級　模擬試験

- 筆記問題……模擬試験で、実際の試験形式に慣れておきましょう。時間配分の感覚を身につけるためにも、本番と同じように時間を計りながら問題に挑戦してみましょう。筆記試験は60分です。
- 聞取問題……CD2に模擬試験の聞取問題が収録されています。本番と同じように時間を計りながら問題に挑戦してみましょう。聞取試験は30分です。

巻末 ◆ 別冊単語集

　取り外しできる単語集です。3級レベルの単語をまとめましたので、赤シートで単語を隠しながら、単語を覚えましょう。チェックボックスも大いに活用してください。

- 本書で扱う正書法について
  「ハングル」能力検定試験では、南北いずれの正書法でも解答を認めています。本書では、内容統一のために、韓国語の正書法を採用しました。そのため「韓文和訳」「和文韓訳」などの表記を用いています。
- 『「ハングル」検定公式ガイド　合格トウミ』について
  2022年2月、『「ハングル」検定公式ガイド　合格トウミ』の改訂版が刊行されました。詳しくは、ハングル能力検定協会のホームページでご確認ください。

1章
問題パターン別練習問題

- 発音……………………………………… 8
- 語彙……………………………………… 14
- 語尾・慣用表現………………………… 22
- 類似した表現…………………………… 28
- 複数の意味を持つ表現………………… 34
- 対話文完成……………………………… 42
- 漢字語…………………………………… 50
- 対話文読解……………………………… 54
- 長文読解………………………………… 60
- 韓文和訳………………………………… 68
- 和文韓訳………………………………… 74
- 聞取問題………………………………… 80

発 音

練習問題

下線部を発音どおりに表記したものを①〜④の中から1つ選びなさい。

1) 다음주는 못 오세요?
   ① 모소세요　　② 모도세요　　③ 몬노세요　　④ 모노세요

2) 한없이 넓은 바다.
   ① 하덥씨　　② 한넙씨　　③ 하넙씨　　④ 하넙시

3) 데이터는 다 입력하셨어요?
   ① 임력　　② 입녁　　③ 임녁　　④ 입력

4) 이런 상태가 오늘날까지 계속되고 있다.
   ① 오늘랄　　② 오느랄　　③ 오를날　　④ 오느날

5) 그 시간에는 볼일이 있어서 못 가겠습니다.
   ① 보리리이써서　　② 보니리이써서
   ③ 볼이리써서　　　④ 볼리리이써서

6) 얘가 우리 막내 딸이에요.
   ① 만내따리에요　　② 망내따리에요
   ③ 만내딸리에요　　④ 맘내딸리에요

7) 문법하고 맞춤법을 제대로 배우셨군요.
   ① 문버파고마춤버블　　② 문뻐빠고만춤뻐블
   ③ 문뻐파고마춤버블　　④ 문뻐파고맏춤뻐블

8) 시험을 보기 전에 <u>합격할 가능성이</u> 하나도 없다고는 할 수 없을 것이다.
　　① 합껴칼까능썽이　　　② 합겨칼가능성이
　　③ 합겨칼가능썽이　　　④ 합껴칼가능성이

9) 이 <u>옷 안에는</u> 무슨 색 옷을 입으면 괜찮을까요?
　　① 오사네는　② 온나네는　③ 오나네는　④ 오다네는

10) 아무리 생각해도 그건 <u>못할 것</u> 같습니다.
　　① 못탈꺼　② 모탈걷　③ 몯할거　④ 모탈걸

解答と解説

　練習問題の答えを、解説とともに見ていきましょう。問題の中で起こる発音変化は、1つとは限りません。複数の発音変化が起こっている場合には、一度に答えを出そうとせず、段階的に解きほぐしていくとよいでしょう。

　※　　　部分は、発音変化が起こっている部分です(P.125 ～ P.127参照)。

1

다음주는 <u>못 오세요</u>?　来週はお越しになれないのですか？

正　解　② 모도세요

重要ポイント　〈単語間の連音化〉。「옷(服)」のようにパッチム ㅅ で終わる単語の直後に、助詞「-이(〜が)」が続くときには、綴りどおりパッチム ㅅ が繰り上がり、発音は [오시] と連音化します。しかし、助詞ではない独立した単語が続く場合は、「単独で発音した場合の音」、つまり [옫] の音が繰り上がります。
　ここでは、不可能を表す副詞「못」に「오다(来る)」という動詞が続いているので、「못」の「単独で発音した場合の音」である [몯] と [오다] の間で連音化が起こり、[모도] と発音されるのです。したがって、正解は②。

2

<u>한없이</u> 넓은 바다.　限りなく広い海。

正　解　③ 하넙씨

重要ポイント　〈連音化〉＋〈濃音化〉＋〈連音化〉。まず「한(限り)」と「없」の間で連音化が起こり、[하넙] となります。一方「없이(なく)」は、濃音化と連音化が起こって [업] + [시] ➡ [업씨] と発音されるので、この2つをまとめると [하넙씨] となります。

3

데이터는 다 <u>입력</u>하셨어요?　データは全部入力されましたか？

正　解　③ 임녁

重要ポイント 〈鼻音化〉+〈鼻音化〉。「입력(入力)」を発音する際には、次のように鼻音化が起こっています。順序を追って見ていきましょう。

まず「입」のパッチムㅂと「력」の初声ㄹの間で鼻音化が起こり、「ㅂ+ㄹ ➡ ㅂ+ㄴ」となります。次に、この鼻音化したㄴの影響を受けて「ㅂ+ㄴ ➡ ㅁ+ㄴ」という鼻音化が起こりますので、結果的に発音は[임녁]となります。つまり「입력 ➡ 입녁 ➡ 임녁」という過程を経ているといえます。

4

이런 상태가 <u>오늘날</u>까지 계속되고 있다.

このような状態が今日まで続いている。

正　解　① 오늘랄

重要ポイント 〈流音化〉。「오늘」のㄹと「날」のㄴで「ㄹ+ㄴ ➡ ㄹ+ㄹ」という流音化が起こっています。そのため、発音は[오늘랄]となります。

5

그 시간에는 <u>볼일이 있어서</u> 못 가겠습니다.

その時間には用事があって行けません。

正　解　④ 볼리리이써서

重要ポイント 〈ㄴ挿入〉+〈流音化〉+〈連音化〉、〈連音化〉。「ㄴ挿入」とは、合成語あるいは2つの単語が結びつく場合で、後ろの単語が「이、야、애、여、예、요、유」で始まる他の語であるとき、その「이、야、애、여、예、요、유」の直前に発音上「ㄴ(n)」が挿入される現象です。なお、発音変化の「ㄴ挿入」は、『トウミ』改訂版では、準2級の範囲に含まれています。

この問題の場合は、ㄴ挿入により「볼일」が[볼닐]となり、さらに挿入されたㄴの影響を受け、「ㄹ+ㄴ ➡ ㄹ+ㄹ」という流音化が起こり、[볼릴]となります。次に、「볼일이」の「일이」の部分で連音化が起こって[이리]となり、最後の「있어서」の「있어」の部分でも連音化が起こるので[이써]となります。最終的な発音は[볼리리이써서]。したがって、正解は④。

6

애가 우리 <u>막내 딸이에요</u>.　この子がうちの末娘です。

正　解　②망내따리에요

重要ポイント　〈鼻音化〉+〈連音化〉。「막내(末っ子)」の部分は、「ㄱ+ㄴ
➡ ㅇ+ㄴ」という鼻音化が起こるので［망내］に。また、「딸이에요(娘です)」の
部分では連音化が起こるので、［따리에요］となります。したがって、正解は②。

7

<u>문법하고 맞춤법을</u> 제대로 배우셨군요.
文法と正書法をちゃんと学ばれたんですね。

正　解　④문뻐파고맏춤뻐블

重要ポイント　〈濃音化〉+〈激音化〉、〈濃音化〉+〈連音化〉。「문법(文法)」
の部分では「漢字語における例外的な濃音化」が起こり、「맞춤법(正書法)」の部
分では「合成語における濃音化」が起こっていますので、それぞれ［문뻡］、［맏춤
뻡］となっています。

さらに、「문법하고(文法と)」となったときに、「법하」の部分で「ㅂ+ㅎ➡ㅍ」
という激音化が起こります。また、「맞춤법을(正書法を)」となると、先ほどの「合
成語における濃音化」に加え、「법을」の部分で連音化が起こります。「맞춤법」の
「맞」の実際の発音が［맏］である点にも注意しましょう。

8

시험을 보기 전에 <u>합격할 가능성이</u> 하나도 없다고는 할 수 없을 것이다.
試験を受ける前に、合格する可能性が全くないとは言えないだろう。

正　解　①합껴칼까능썽이

重要ポイント　〈濃音化〉+〈激音化〉+〈濃音化〉、〈濃音化〉。まず「합격할(合
格する)」の部分を見てみましょう。「합격」で濃音化が起こって［합껵］となります。
そして、「격할」で「ㄱ+ㅎ➡ㅋ」という激音化が起こっています。続く「가능성
(可能性)」の部分では、連体形「ㄹ」の影響で濃音化が起こり、さらに「漢字語にお

ける例外的な濃音化」により、[까능썽]と発音されます。

9

이 옷 안에는 무슨 색 옷을 입으면 괜찮을까요?
この服の中には、何色の服を着たらよいでしょうか？

　　正　解　④ 오다네는

　重要ポイント　〈単語間の連音化〉＋〈連音化〉。「옷이(服が)」や「옷은(服は)」の場合は、「-이(〜が)」、「-은(〜は)」が助詞であるため、パッチムㅅの音が繰り上がって連音化します([오시]、[오슨])。しかし、この問題では、「옷」と「안」という独立した単語が連続していますので、「単独で発音した場合の音」、つまり[옫]の音が繰り上がり、発音は[오단]となります。そして、「안」と「에」の間で連音化が起きますので、全体として[오다네는]という発音になります。

10

아무리 생각해도 그건 못할 것 같습니다.
どんなに考えても、それはできないと思います。

　　正　解　② 모탈껃

　重要ポイント　〈激音化〉＋〈濃音化〉。「못할」の「못」の実際の発音は[몯]です。そのパッチムㄷと「할」のㅎで「ㅎ＋ㄷ ➡ ㅌ」という激音化が起こります。次に、「할 것」の部分では、連体形「ㄹ」の影響で濃音化が起こって[할껃]となりますので、結果として発音は[모탈껃]となります。

　このように、複数の発音変化が起こっている場合には、頭から順にひも解いていきましょう。発音変化が一度起こった部分であっても、さらに他の発音変化に関わる可能性があることに留意してください。

語彙

練習問題

（　　）の中に入れるのに適切なものを①～④の中から1つ選びなさい。

1) 그 사람은 그쪽 방면으로 (　　　) 것 같아요.
   ① 눈이 빠진　② 다리가 긴　③ 팔이 넓은　④ 발이 넓은

2) (　　　　) 소중한 친구가 누구예요?
   ① 둘도 없는　② 하나도 없는　③ 두말 말고　④ 두말 없이

3) 몸무게를 (　　) 봤는데 3킬로나 살이 쪘어요.
   ① 세　　　　② 세워　　　　③ 재　　　　④ 채

4) 수업을 빼고는 선생님과 개인적으로 대화를 (　　) 적이 없었다고 했다.
   ① 난　　　　② 나온　　　　③ 나은　　　　④ 나눈

5) 박물관에서는 여기저기에 손 (　　　) 말라고 써 있다.
   ① 내지　　　② 대지　　　　③ 닿지　　　　④ 만지지

6) 아이는 (　　　) 는지 떨고 있을 뿐이었다.
   ① 겁을 먹었　② 겁을 났　③ 무섭　　　　④ 놀랍

7) A : 이 가게 왜 장사 안 해요?
   B : 장사가 안 돼서 얼마 전에 문 (   ).
   ① 깼대요   ② 멈췄대요   ③ 닫았대요   ④ 벌렸대요

8) A : 요새 감기가 유행이래요.
   B : (   ) 목이 아파요.
   ① 그러거나 말거나   ② 그래서 그런지
   ③ 그러면서   ④ 그렇다고 해서

9) A : 시험을 너무 잘 보셨네요. 어떻게 공부하셨어요?
   B : 중요한 부분에 (   ) 공부했어요.
   ① 밑줄을 치면서   ② 선을 그리면서
   ③ 머리를 흔들면서   ④ 매듭을 지으면서

10) A : 왜 그래요?
    B : 핸드폰이 (   ) 그런지 소리가 안 들려요.
    ① 상처가 나서   ② 구멍이 나서
    ③ 화가 나서   ④ 고장 나서

解答と解説

　選択肢から、文の中に入れるものとして適切なものを選ぶ問題です。問題を解くには、3級の語彙リストの単語のみならず、連語や慣用句に関する知識が不可欠です。『トウミ』改訂版の語彙リストを見る際は、日本語訳に加えて「関連情報」の欄にも注目してください。慣用句に関しては『上達トハギ』(P.6参照)にまとめて提示されているので、一通り把握しておきましょう。

1

그 사람은 그쪽 방면으로 (④ 발이 넓은) 것 같아요.
その人は、その方面に顔が広いようです。

① 눈이 빠진 (基本形：눈이 빠지다　意味：首を長くして待つ)
② 다리가 긴 (基本形：다리가 길다　意味：足が長い)
③ 팔이 넓은 (基本形：팔이 넓다)
④ 발이 넓은 (基本形：발이 넓다　意味：顔が広い)

重要ポイント　「발이 넓다」を直訳すると「足が広い」ですが、これは日本語の「顔が広い」と同じ意味の慣用句です。「발 (足)」「넓다 (広い)」のような単語それぞれの意味だけでなく、組み合わさってひとつの意味を成す慣用句もマスターしていきましょう。また、①の「눈이 빠지다」も慣用句 (直訳は「目が落ちる」。意味は「首を長くして待つ」) ですので、一緒に覚えましょう。なお、③は韓国語として成り立ちません。

▶ 連体形 + 것 같다 (〜のようだ、〜みたいだ)

2

(① 둘도 없는) 소중한 친구가 누구예요?
二人といない大切な友達は誰ですか？

① 둘도 없는 (基本形：둘도 없다　意味：二つとない)
② 하나도 없는 (基本形：하나도 없다　意味：一つもない)
③ 두말 말고 (意味：つべこべ言わずに)
④ 두말 없이 (意味：言うまでもなく)

重要ポイント　「둘도 없는」は「둘도 없다」の現在連体形です。選択肢④

は「두말을 할 것 없이」としても、同じ「言うまでもなく」という意味になります。

⊃ 소중하다 (きわめて大切だ、貴重だ、大事だ)

3

몸무게를 (③ 재) 봤는데 3킬로나 살이 쪘어요.
体重を量ってみたのですが、3キロも太りました。

① 세 (基本形 : 세다　意味 : 数える)
② 세워 (基本形 : 세우다　意味 : 建てる)
③ 재 (基本形 : 재다　意味 : 量る)
④ 채 (基本形 : 채다　＊채우다の縮約形　意味 : 補う、満たす)

重要ポイント　「몸무게를 재다」で「体重を量る」です。このように、よく使われる組み合わせの動詞と名詞は、セットで覚えるようにしましょう。

⊃ 살이 찌다 (太る)

4

수업을 빼고는 선생님과 개인적으로 대화를 (④ 나눈) 적이 없었다고 했다.
授業以外では、先生と個人的に話したことはなかったと言った。

① 난 (基本形 : 나다　意味 : 出る)　　② 나온 (基本形 : 나오다　意味 : 出てくる)
③ 나은 (基本形 : 낫다　意味 : ましだ)　④ 나눈 (基本形 : 나누다　意味 : 分ける)

重要ポイント　「대화」は「対話」で、「나누다」は「分ける」ですが、「대화를 나누다」で「話をする」「対話を交わす」という意味を表します。나누다を使った表現としては、ほかに「이야기를 나누다 (話を交わす)」「말을 나누다 (言葉を交わす)」「인사를 나누다 (挨拶を交わす)」などがあります。

⊃ 빼다 (抜く、取り除く)、개인적 (個人的)、過去連体形＋적이 없다 (~したことがない)

5

박물관에서는 여기저기에 손 (② 대지) 말라고 써 있다.
博物館では、あちこちに手を触れないようにと書いてある。

① 내지(基本形：내다　意味：出す)
② 대지(基本形：대다　意味：当てる、触れる)
③ 닿지(基本形：닿다　意味：触れる、届く)
④ 만지지(基本形：만지다　意味：触る、いじる)

重要ポイント　「손을 대다」で「触る」。「語幹＋-지 말라고 하다」は「~するなという」という禁止の引用表現です。問題に出てくる「손 대지 말라고 써 있다」は、直訳すると「手を触れるなと書いてある」。つまり「手を触れないようにと書いてある」ほどの意味となります。

また、「대다」は「当てる、触れる、つける、手を出す」という意味で、「귀에 손을 대다(耳に手を当てる)」「손 대지 마세요(手を触れないでください)」のように使われます。「닿다」は「(ふたつの物体が)つく、接する、届く、触れる、及ぶ」という意味で、「손이 닿는 곳(手の届くところ)」「힘이 닿는 데까지 노력해 보겠습니다(力の及ぶ限り努力してみます)」のように使われます。「만지다」は、押したりもんだりする動作を伴って「触る」「取り扱う」という意味をもち、「손으로 만지면 안됩니다(手で触ってはいけません)」のように使われます。

➲ 여기저기 (あちこち)

6

아이는 (① 겁을 먹었)는지 떨고 있을 뿐이었다.
子どもは恐くなったのか、震えているだけだった。

① 겁을 먹었(基本形：겁을 먹다　意味：怖がる、おじけつく)
② 겁을 났(基本形：겁을 나다)
③ 무섭(基本形：무섭다　意味：恐ろしい)
④ 놀랍(基本形：놀랍다　意味：驚くべきだ)

重要ポイント　「겁을 먹다」で「怖がる、おじけづく」。「겁이 나다」も同じ意味ですが、選択肢②では「겁을 나다」となっており、助詞が誤っているため、正解にはなりません。選択肢③「무섭다」は【ㅂ変格活用】の用言なので、活

用の形が合いません。「무서운지」(怖いのか)、あるいは「무서웠는지」(怖かったのか)という形であれば正解です。選択肢④ 놀랍다 (驚くべきだ)も 무섭다と同じく【ㅂ変格活用】の用言であるため、놀랍では活用の形が合わず、不正解です。

➲ 떨다(震える)、未来連体形 + 뿐이다(〜だけだ)

7

A : 이 가게 왜 장사 안 해요?
B : 장사가 안 돼서 얼마 전에 문 (③ 닫았대요).
A : このお店、なぜやっていないんですか？
B : 商売がうまくいかなくて、少し前に店をたたんだそうですよ。

① 깼대요 (基本形：깨다　意味：割る)
② 멈췄대요 (基本形：멈추다　意味：止まる)
③ 닫았대요 (基本形：닫다　意味：閉める、店・会社などをやめる)
④ 벌렸대요 (基本形：벌리다　意味：あける、広げる)

重要ポイント　「문을 닫다」を直訳すると「ドアを閉める」ですが、慣用句としては「店をたたむ」「廃業する」という意味があります。「닫았대요」は引用形「닫았다고 해요」の縮約形です。3級からは、このような引用形の縮約形も出題範囲に含まれます。『トウミ』の出題基準を熟読して、しっかり準備しましょう。この本のP.150〜P.155も参考にしてください。

➲ 장사가 안 되다 (商売がうまくいかない)

8

A : 요새 감기가 유행이래요.
B : (② 그래서 그런지) 목이 아파요.
A : 最近、風邪がはやっているそうです。
B : だからなのか、のどが痛いです。

① 그러거나 말거나 (意味：そう言おうと言うまいと)
② 그래서 그런지 (意味：だからなのか)
③ 그러면서 (意味：それなのに)
④ 그렇다고 해서 (意味：だからといって)

重要ポイント　接続表現に関する問題。この問題のように、対話の受け答えとして適切な表現を選ぶ問題では、話の流れを正確に把握することが大切です。なお、「유행이래요」は引用形「유행이라고 해요」の縮約した形です。

9

A : 시험을 너무 잘 보셨네요. 어떻게 공부하셨어요?
B : 중요한 부분에 (① 밑줄을 치면서) 공부했어요.

A : 試験、すごくうまくいったみたいですね。どうやって勉強されたんですか？
B : 重要な部分に下線を引きながら勉強しました。

① 밑줄을 치면서(基本形：밑줄을 치다　意味：下線を引く)
② 선을 그리면서(基本形：선을 그리다)
③ 머리를 흔들면서(基本形：머리를 흔들다　意味：否定する、拒絶する)
④ 매듭을 지으면서(基本形：매듭을 짓다　意味：事の始末をつける、けりをつける)

重要ポイント　選択肢③「머리를 흔들다」は、直訳すると「頭を振る」ですが、慣用句として「否定する、拒絶する」という意味を持ちます。また、選択肢④「매듭을 짓다」は、「結び目をつくる」という意味のほかに、慣用句として「事の始末をつける、けりをつける」の意味があります。こちらも覚えておきましょう。

　選択肢②の「선」は「線」という意味ですが、선を使って「線を引く」を表現する場合は、「선을 긋다」となります。긋다は【ㅅ変格活用】の用言なので、「-(으)면서」と接続する場合には「그으면서」の形をとります。なお、選択肢②で使われている「그리다」は、「(絵や図を)えがく」という意味なので、「선(線)」と組み合わせて用いることができません。

▶ 시험을 보다 (試験を受ける。「시험을 잘 보다」で「試験がうまくいく」ほどの意味になる)

10

A : 왜 그래요?
B : 핸드폰이 (④ 고장 나서) 그런지 소리가 안 들려요.

A : どうしましたか？
B : 携帯電話がこわれたからなのか、声が聞こえないんです。

① 상처가 나서(基本形：상처가 나다　意味：傷ができる)
② 구멍이 나서(基本形：구멍이 나다　意味：穴があく)
③ 화가 나서(基本形：화가 나다　意味：怒る)
④ 고장 나서(基本形：고장 나다　意味：故障する、こわれる)

重要ポイント　全ての選択肢で動詞「나다（出る）」が用いられていますが、どの名詞と組み合わさるかによって意味が異なっています。このような表現はセットで覚えるのが、語彙を増やしていくコツです。

語尾・慣用表現

練習問題

（　）の中に入れるのに適切なものを①〜④の中から1つ選びなさい。

1) 점심시간에 (　　) 일찍 출발해야겠어요.
   ① 도착하기에　　　② 도착하려면
   ③ 도착하더라도　　④ 도착하는 한편

2) 쉬는 날에는 늘 음악을 (　　) 책을 읽습니다.
   ① 들으면서　　　　② 들은 김에
   ③ 듣고 보니　　　　④ 듣기 직전에

3) 친구가 언제 서울에 (　　) 했어요.
   ① 오는 길에　　　　② 온 지
   ③ 오자면　　　　　 ④ 올 거냐고

4) 편의점에 (　　) 갈게요.
   ① 들르다면　　　　② 들렀다가
   ③ 들르거나　　　　④ 들르기에

5) (　　) 가장 소중한 것은 친구들입니다.
   ① 나를 비롯하여　　② 나를 위해
   ③ 나만 아니면　　　④ 나에게 있어서

6) A : 처음이라고 하셨었는데 어떠셨어요?
   B : 예, (　　) 생각했던 것하고 전혀 달랐어요.
   ① 하기 위한　　　② 하기에
   ③ 해야지　　　　④ 하기 전에

7) A : 부탁이 하나 있는데요. 지금 바쁘세요?
   B : 아뇨, (　　). 말씀하세요.
   ① 바쁘기는요　　　② 바쁜 것 같아요
   ③ 바쁠 테니까요　　④ 바쁜데요

8) A : 만약에 그 사람이 못 온다고 하면 어떻게 할까요?
   B : (　　) 다른 사람한테 부탁할 수밖에 없죠.
   ① 그렇더라도　　　② 그렇듯이
   ③ 그래야지　　　　④ 그럴 경우에는

9) A : 이거 새로 나온 음반인데 들어보셨어요?
   B : 아뇨, 아직 (　　).
   ① 들을지도 몰라요　　② 들은 척해요
   ③ 들어 본 적이 없어요　④ 듣는다고 했어요

解答と解説

　ここでは特に、3級レベルの語尾や慣用表現をどこまで把握できているのかが問われます。文全体の意味を理解していることはもちろんのこと、さまざまな語尾や慣用表現と接続する際にどう活用するかが身に付いているかも、重要なポイントとなるでしょう。

1

점심시간에 (② 도착하려면) 일찍 출발해야겠어요.
昼食の時間に到着するには、早く出発しなければなりません。
① 도착하기에 (到着するので)　　② 도착하려면 (到着するには)
③ 도착하더라도 (到着しても)　　④ 도착하는 한편 (到着する一方)

重要ポイント　①「-기에(〜するので)」、②「-려면(〜するには)」、③「-더라도(〜しても、であっても)」は3級レベルの語尾、④「-는 한편(〜する一方)」は3級レベルの慣用表現です。正解の-려면は、子音語幹の用言と連なる場合には「-으려면」となります(例：먹다 ➡ 먹으려면)。語尾を覚える際には、単語を当てはめた形でも覚えるといいでしょう。

2

쉬는 날에는 늘 음악을 (① 들으면서) 책을 읽습니다.
休みの日には、いつも音楽を聞きながら本を読みます。
① 들으면서 (聞きながら)　　② 들은 김에 (聞くついでに)
③ 듣고 보니 (聞いてみると)　　④ 듣기 직전에 (聞く直前に)

重要ポイント　①「-면서(〜しながら)」は語尾、②「-ㄴ 김에(〜ついでに)」と③「듣고 보니(聞いてみると)」、④「-기 직전에(〜する直前に)」は慣用表現です。正解の-면서は、子音語幹の用言と連なる場合は「-으면서」となります(例：먹다 ➡ 먹으면서)。
　なお、「듣다(聞く)」は【ㄷ変格活用】の用言なので、語尾や慣用表現などと接続する際の形にも注意してください。

➲ 쉬는 날 (休みの日、休日)、늘 (いつも)

24

3

친구가 언제 서울에 (④ 올 거냐고) 했어요.
友達がいつソウルに来るのかと言いました。

① 오는 길에 (来る途中に)　　② 온 지 (来てから)
③ 오자면 (来ようとするなら)　④ 올 거냐고 (来るのかと)

重要ポイント　④「올 거냐고(来るのかと)」は、오다 に「-ㄹ 것이다(〜のだ、〜するだろう)」がつき、さらに「-(으)냐고(〜なのかと)」という疑問を表す引用がついた形です。このように、いくつかの形がひとつになっている場合には、まず用言の基本形を見極め(ここでは「오다」)、それに続く要素を分解してゆくと、正確に理解することができます。

4

편의점에 (② 들렀다가) 갈게요.　コンビニに寄ってから行きますね。

① 들르다면 (立ち寄るなら)　　② 들렀다가 (立ち寄ってから)
③ 들르거나 (立ち寄ろうとも)　④ 들르기에 (立ち寄るので)

重要ポイント　「들르다(立ち寄る)」は【으 変格活用】の用言なので、-아/어で始まる語尾が続くと「들러」となります。語幹が르で終わりますが、「모르다(知らない、分からない)」などの【르 変格活用】と混同しないようにしましょう。「들르지만(立ち寄るけれど)」、「들르겠다(立ち寄るだろう)」、「들르면(立ち寄るなら)」、「들르세요(お立ち寄りください)」、「들렀다(立ち寄った)」、「들렀지만(立ち寄ったけれど)」のように、ひとまとまりの形にして覚えてもいいですね。

➲ 편의점 (コンビニ)、들르다 (立ち寄る)

5

(④ 나에게 있어서) 가장 소중한 것은 친구들입니다.
私にとって一番大切なのは、友人たちです。

① 나를 비롯하여 (私をはじめとして)　② 나를 위해 (私のために)
③ 나만 아니면 (私でさえなければ)　　④ 나에게 있어서 (私にとって)

重要ポイント　慣用表現に関する問題です。①「-를 비롯하여(～をはじめとして)」、②「-를 위해(～のために)」、③「-만 아니면(～でさえなければ)」、④「-에 있어서(～にとって)」。正解にたどりつくためには、文全体の意味を把握したうえで、それぞれの慣用表現の意味を正確に理解している必要があります。

6

A：처음이라고 하셨었는데 어떠셨어요?
B：예, (④하기 전에) 생각했던 것하고 전혀 달랐어요.
A：初めてだとおっしゃっていましたが、いかがでしたか？
B：ええ、やる前に考えていたのと全く違いました。

① 하기 위한 (するための)　　② 하기에 (するので)
③ 해야지 (しないと)　　　　④ 하기 전에 (する前に)

　重要ポイント　①と④は慣用表現、②と③は語尾です。①「-기 위한(～ための)」、②「-기에(～ので、～だから)」、③「-아/어야지(～しないと、～すべきだ)」、④「-기 전에(～する前に)」。正解のものだけでなく、ほかの選択肢の意味も覚えて、使えるようにしておきましょう。

7

A：부탁이 하나 있는데요. 지금 바쁘세요?
B：아뇨, (①바쁘기는요). 말씀하세요.
A：お願いがひとつあるんですが。今お忙しいですか？
B：いいえ、忙しいだなんて。おっしゃってください。

① 바쁘기는요 (忙しいだなんて)　　② 바쁜 것 같아요 (忙しいようです)
③ 바쁠 테니까요 (忙しいですから)　　④ 바쁜데요 (忙しいのですが)

　重要ポイント　①と④は語尾、②と③は慣用表現です。①「-기는요(～だなんて)」、②「-ㄴ 것 같다(～のようだ)」、③「-ㄹ 테니까(〈する〉だろうから、～するから)」、④「-ㄴ데요(～なんですが)」。
　選択肢は、全て形容詞「바쁘다(忙しい)」にそれぞれ語尾や慣用表現がついています。形容詞が共通しているだけに、語尾や慣用表現の意味をきちんと理解していることが、正解の鍵を握るといえるでしょう。

8

A：만약에 그 사람이 못 온다고 하면 어떻게 할까요?
B：(④ 그럴 경우에는) 다른 사람한테 부탁할 수밖에 없죠.
A：もしその人が来られないと言ったら、どうしましょうか？
B：そういう場合には、他の人にお願いするしかないでしょう。

① 그렇더라도 (そうであっても)　　② 그렇듯이 (そうであるかのように)
③ 그래야지 (そうしなけりゃ)　　　④ 그럴 경우에는 (そういう場合には)

重要ポイント　　①「-더라도(〜であっても、〜しても)」、②「-듯이(〜のように)」、③「-아/어야지(〜しなけりゃ、〜すべきだ)」は語尾です。④「-ㄹ 경우에는(〜する場合には)」は慣用表現です。
　一度問題を解いたら、正解以外の選択肢の意味や使い方にもぜひ目を向けてみてください。正解が何だったのかも大切ですが、他の選択肢がなぜ正解でなかったのかを理解しておくことも、学習上大切なポイントです。

➲ -ㄹ 수밖에 없다 (〜するしかない)

9

A：이거 새로 나온 음반인데 들어보셨어요?
B：아뇨, 아직 (③ 들어 본 적이 없어요).
A：これ、新しく出たＣＤなんですけど、お聞きになりましたか？
B：いいえ、まだ聞いてみたことがありません。

① 들을지도 몰라요 (聞くかもしれません)
② 들은 척해요 (聞いたふりをします)
③ 들어 본 적이 없어요 (聞いてみたことがありません)
④ 듣는다고 했어요 (聞くと言いました)

重要ポイント　　①「-ㄹ지도 모르다(〜かもしれない)」、②「-ㄴ 척하다(〜ふりをする)」、③「-ㄴ 적이 없다(〜したことがない)」、④「-는다고 하다(〜と言う)」。選択肢の①〜④は、【ㄷ変格活用】の動詞「듣다(聞く)」にそれぞれ慣用表現がついたもので、全て形としては成り立ちますが、対話の応答文として成立するのは③のみです。正解を選ぶためには、対話の内容を正確に読みとり、さらに選択肢の慣用表現の意味を知っている必要があります。知らない慣用表現や語尾などが出てきたら、自分なりにまとめておくとより効果的に学習できるでしょう。

➲ 새로 (新たに、新しく)

類似した表現

練習問題

下線部と意味が最も近いものを①〜④の中から1つ選びなさい。

1) 여기는 어째서 이렇게 조용한가요?
   ① 어떻게든   ② 어쨌든   ③ 왜   ④ 어쩌다가

2) 날짜는 이 날이 틀림없어요?
   ① 달라요?   ② 예약할까요?   ③ 틀려요?   ④ 확실해요?

3) 다 마치면 당장 오라고 했는데 안 오네요.
   ① 깜짝   ② 미리   ③ 바로   ④ 빠짐없이

4) 전철 안에서 문자를 보내는 게 버릇이 됐다.
   ① 벌어지게 됐다   ② 습관이 되었다
   ③ 고민이다   ④ 소문이 났다

5) 형, 아니면 누나한테 한번 전화해서 물어봐요.
   ① 혹은   ② 혹시   ③ 흔히   ④ 항상

6) 회사에 따라 출근 시간이 다를 수가 있다.
   ① 회사만큼   ② 회사말고도   ③ 회사에다가   ④ 회사마다

7) 가끔씩 옛 추억이 생각 날 때가 있대요.
   ① 점점   ② 때때로   ③ 언제든지   ④ 이따가
   ※추억 : 思い出

8) 형편이 어려워서 학교를 그만둘까 생각한 적도 있었습니다.
　　① 판매할 수 없어서　　② 학비를 내서
　　③ 가난해서　　　　　　④ 심각해서

9) 도저히 할 수 없는 일이었다.
　　① 다양한　　② 아까운　　③ 부족한　　④ 불가능한

解答と解説

ここでは、類似した表現についての知識が問われます。表現の言い換えを普段から意識しておくと、実際に会話をする場合にも役立ちますので、語彙などを覚える際には、類似した意味のものも一緒におさえておきましょう。

また、가나다라 順で覚えるだけでなく、類義語や置き換え可能な表現を、グループにして整理しておくと良いでしょう。

1

여기는 어째서 이렇게 조용한가요?
ここはどうしてこんなに静かなんでしょうか？
① 어떻게든（どうにかして、なんとかして）
② 어쨌든（とにかく、いずれにせよ）
③ 왜（なぜ）
④ 어쩌다가（偶然に、ふと）

正　解　③ 왜

重要ポイント　3級レベルの副詞について問う問題です。어째서は「どうして、なぜ」という意味なので、正解は③。副詞を覚えるときに紛らわしく思える場合は、辞書に出ているような短い例文の形で覚えておくのがおすすめです。

⊃ 조용하다（静かだ）

2

날짜는 이 날이 틀림없어요?　日付はこの日で間違いありませんか？
① 달라요?（違いますか？）　　② 예약할까요?（予約しますか？）
③ 틀려요?（間違いですか？）　　④ 확실해요?（確実ですか？）

正　解　④ 확실해요?

重要ポイント　틀리다 は「間違える、違う」で、その名詞形が 틀림（間違い）です。そこに 없다（ない、いない）がついて「틀림없다（間違いない）」という意味になります。したがって、正解は④。

⊃ 날짜（日付）、틀림없다（間違いない）

3

다 마치면 <u>당장</u> 오라고 했는데 안 오네요.
全部終えたらすぐ来いと言ったのに、来ませんね。
① 깜짝 (びっくり)　　　　　　② 미리 (あらかじめ)
③ 바로 (すぐ、正しく、まさに)　④ 빠짐없이 (もれなく、ぬかりなく)

　　正　解　③ 바로

　重要ポイント　1)と同じく副詞を問う問題です。副詞を覚える際には、「程度を表す副詞」や「時に関する副詞」のように、自分なりにまとめて覚えていくのも、ひとつの方法です。また 당장 は「すぐ」「その場」、바로 は「すぐ」「正しく」「まさに」など、複数の意味を持つ単語もありますので、注意しましょう。

⮕ 마치다 (終える)

4

전철 안에서 문자를 보내는 게 <u>버릇이 됐다</u>.
電車の中で携帯メールを送るのが癖になった。
① 벌어지게 됐다 (繰り広げられることになった)
② 습관이 되었다 (習慣になった)
③ 고민이다 (悩みだ)
④ 소문이 났다 (うわさが立った、評判が立った)

　　正　解　② 습관이 되었다

　重要ポイント　「버릇이 되다(癖になる)」と「습관이 되다(習慣になる)」を結びつけることができるかがポイント。なお、「문자」は本来は「文字」という意味ですが、携帯メールのことも指します。「문자를 보내다(携帯メールを送る)」「문자를 치다(携帯メールを打つ)」の形で覚えましょう。

⮕ 문자를 보내다 (携帯メールを送る)

5

형, 아니면 누나한테 한번 전화해서 물어봐요.
お兄さん、でなければお姉さんに一度電話して尋ねてみてください。
① 혹은(あるいは)　　　　　　② 혹시(万一、もしも)
③ 흔히(よく)　　　　　　　　④ 항상(いつも、常に)

　　正　解　　　① 혹은

　重要ポイント　最初の子音が同じものはよく混同しがちなので、それぞれの意味をしっかり覚えましょう。なんとなく曖昧に覚えているだけでは、このような問題でミスしてしまいがちです。発音しながら何度も繰り返し書いたり、例文の形で覚えると、より効果的です。

⇒ 묻다(尋ねる)

6

회사에 따라 출근 시간이 다를 수가 있다.
会社によって出勤時間は違いうる。
① 회사만큼(会社ほど)　　　　② 회사말고도(会社以外にも)
③ 회사에다가(会社に)　　　　④ 회사마다(会社ごとに)

　　正　解　　　④ 회사마다

　重要ポイント　助詞を正確に把握しているかを問う問題です。「만큼」は「〜ほど」「〜くらい」、「말고도」は「〜以外にも」、「에다가」は「〜に」、「마다」は「〜のたびに」「〜ごとに」。3級から新たに加わる助詞は30程度ありますので、少しずつ、かつ確実に覚えていきましょう。

⇒ 출근(出勤)

7

가끔씩 옛 추억이 생각 날 때가 있대요.
時折、昔の思い出を思い出す時があるそうです。
① 점점(だんだん、徐々に)　　② 때때로(時々)
③ 언제든지(いつでも)　　　　④ 이따가(のちほど)

　　正　解　　　② 때때로

重要ポイント　　副詞を覚えることによって、表現したい内容をより具体的に表現できるようになります。問題文の「있대요(あるそうです)」は、「있다고 해요」の縮約形。「생각 날 때가 있어요(思い出す時があります)」と「생각 날 때가 있대요(思い出す時があるそうです)」は、一文字違うだけで日本語訳が異なります。問題文は最後まで丁寧に読み解きましょう。

⮕ 추억(思い出)、생각 나다(思い出す)

8

형편이 어려워서 학교를 그만둘까 생각한 적도 있었습니다.
暮らし向きが悪くて、学校を辞めようかと思ったこともありました。
① 판매할 수 없어서(販売することができなくて)
② 학비를 내서(学費を払って)
③ 가난해서(貧しくて)
④ 심각해서(深刻で)

　　正　　解　　③ 가난해서

　　重要ポイント　　「형편」は生活の様子や家計の状態を表し、そこに「어렵다(難しい)」がつくと「暮らし向きが悪い」という意味になります。選択肢の中では「가난하다(貧しい)」が最も意味が近いため、正解は③。

⮕ 형편이 어렵다(暮らし向きが悪い)、-ㄴ 적이 있다(〜したことがある)

9

도저히 할 수 없는 일이었다.
到底できないことだった。
① 다양한(多様な)　　　　　② 아까운(もったいない)
③ 부족한(不足した)　　　　④ 불가능한(不可能な)

　　正　　解　　④ 불가능한

　　重要ポイント　　類似した表現を問う問題では、「できない(할 수 없다)」と「不可能だ(불가능하다)」のように、一方が慣用表現、一方が単語のような場合があります。単語の入れ替え表現は必ず単語と対応しているとは限りませんので、その点を留意しておきましょう。

⮕ 도저히(到底)

複数の意味を持つ表現

練習問題

2つの（　）に共通して入れることができるものを①～④の中から1つ選びなさい。

1) ・다시 생각을 해 보니까 그 사람이 하는 말이 (　) 것 같다.
   ・음식 맛이 내 입에는 잘 (　) 것 같다.
   ① 정확한　　② 맛있는　　③ 좌우되는　　④ 맞는

2) ・날씨가 좋아서 빨래를 베란다에 널어 놨는데 몇 시간 만에 다 (　).
   ・키가 170이고 몸무게가 48킬로그램이면 많이 (　)고 할 수 있겠네요.
   ① 몰았다　　② 말았다　　③ 물었다　　④ 말랐다

3) ・거기에 다니는 사람들은 모두 (　)으로 계속 작업만 한답니다.
   ・하루에 단 두세 시간만 자고 한 달 동안 (　) 가리지 않고 일하는 모습을 자주 봤다.
   ① 밤낮　　② 밤새　　③ 밤중　　④ 방학

4) ・한 번만 (　) 순 없어요? 다음부터는 더 잘하겠습니다.
   ・우리 아기를 (　) 분을 구합니다.
   ① 돌아볼　　② 두를　　③ 봐주실　　④ 뵐

5) ・나는 그 얘기를 (　)사람들한테 들어서 처음으로 알게 됐어요.
   ・매일 시간을 만들기 힘들 경우에는 (　)일을 하면서 몸을 움직이는 것이 운동의 한 방법이 될 수도 있습니다.
   ① 급한　　② 친척　　③ 집　　④ 집안

6) ・냄비에다가 재료와 물을 넣고 (　) 익혀 주세요.
　　・그리고나서 그는 잠에 (　) 빠져 버렸대요.
　　① 퍽　　　② 푹　　　③ 펄쩍　　　④ 온통

7) ・방 한 구석에 먼지가 (　) 쌓여 있다.
　　・다친 상처가 안 나으면 어떡할까 (　) 겁을 먹고 의사한테 얘기를 했는데 걱정하지 않아도 된다고 했습니다.
　　① 제대로　　② 가득히　　③ 잔뜩　　④ 널리

8) ・그 사업이 성공하든 말든 우리랑 아무 (　)이/가 없잖아요.
　　・남들이 뭐라고 해도 나는 (　)하지 않거든요.
　　① 관련　　② 상관　　③ 관계　　④ 관심

9) ・가지고 있는 돈으로 요금을 다 내면 (　)는 마음대로 써도 돼요.
　　・그날은 너무 힘든 (　) 집에 들어가자마자 잠이 들어 버렸다.
　　① 김에　　② 나머지　　③ 반면　　④ 경우

10) ・(　)시는 모든 일을 다 이루시길 바랍니다.
　　・(　)지 않게 중요한 일을 맡게 되어 부담이 되지만 열심히 하겠습니다.
　　① 원하　　② 희망하　　③ 의도하　　④ 뜻하

解答と解説

　2つの文に共通して入れることができるものを選ぶ問題です。意味が2通り以上ある語句などに留意しておきましょう。このような形式の問題は、空欄の前後にヒントが隠れている場合があります。また、選択肢には、一方の文では意味が通っても、もう一方の文では意味が通らないものも。一方に入るからといって選択してしまうと、思わぬミスを招くことがありますので、両方の文を最後までしっかり読むことが大切です。

1

・다시 생각을 해 보니까 그 사람이 하는 말이 (④ 맞는) 것 같다.
　考え直してみると、彼の言っていることが正しいように思う。
・음식 맛이 내 입에는 잘 (④ 맞는) 것 같다.
　食べ物の味が私の口には合っているようだ。

① 정확한 (基本形：정확하다　意味：正確だ)
② 맛있는 (基本形：맛있다　意味：おいしい)
③ 좌우되는 (基本形：좌우되다　意味：左右される)
④ 맞는 (基本形：맞다　意味：合っている)

重要ポイント　「맞다」は「合っている」、「当たる、受ける」。「하는 말이 맞다」で「言っていることが合っている、正しい」という意味になります。2つ目の問題文の「입에 맞다」は「口に合う」。同じ「맞다」でも、どの単語と結びつくのかによって、表す意味が変わってきます。

⇒ -아/어 보니까 (〜してみると、〜したら)、-는 것 같다 (〜しそうだ、〜するようだ)

2

・날씨가 좋아서 빨래를 베란다에 널어 놨는데 몇 시간 만에 다 (④ 말랐다).
　天気が良いので、洗濯物をベランダに干したら、何時間かですっかり乾いた。

・키가 170이고 몸무게가 48킬로그램이면 많이 (④ 말랐다)고 할 수 있겠네요.
　身長が170で体重が48キロなら、ずいぶんやせていると言えますね。

① 몰았다 (基本形 : 몰다　意味 : 追いやる)
② 말았다 (基本形 : 말다　意味 : 途中でやめる、中断する)
③ 물었다 (基本形 : 물다　意味 : 噛む)
④ 말랐다 (基本形 : 마르다　意味 : 乾く、〈말랐다の形で〉やせている)

重要ポイント　④の基本形は「마르다」で【르変格活用】の用言です。「-아/어」で始まる語尾が続くと「말라」のように形が変化します。「마르다」は「乾く」という意味ですが、加えて「말랐다」の形で「やせている」という意味があります。

⇒ 빨래(洗濯、洗濯物)、널다 (干す)、-아 / 어 놓다 (~しておく)

3

・거기에 다니는 사람들은 모두 (① 밤낮) 으로 계속 작업만 한답니다.
　そこに通う人たちは、皆いつもずっと作業だけしているそうです。

・하루에 단 두세 시간만 자고 한 달 동안 (① 밤낮) 가리지 않고 일하는 모습을 자주 봤다.
　1日にたった2、3時間だけ寝て、1ヵ月間昼夜を問わず働く姿をよく見た。

① 밤낮 (意味 : 昼夜、いつも)　② 밤새 (意味 : 夜の間)
③ 밤중 (意味 : 夜中)　　　　　④ 방학 (意味 : 〈学校の〉長期休暇)

重要ポイント　「작업만 한답니다」の「한답니다」は、「하다 (する)」に引用形の「-ㄴ다고 합니다 (~だそうです、~するそうです)」の縮約形である「-ㄴ답니다」がついた形です。引用形の縮約は『トウミ』に提示されている範囲で出題されますので、確認しておきましょう。なお「밤낮을 가리지 않다」は「昼夜を問わない、休まずに継続する」という意味です。

⇒ 계속(引き続き、ずっと、継続)、작업(作業)、단(ただ、たった)、두세(2、3。두셋に接辞・依存名詞がついた時の形)

4

・한 번만 (③ 봐주실) 순 없어요? 다음부터는 더 잘하겠습니다.
　一度だけ見逃してはくれませんか？ 次からはもっと頑張ります。

・우리 아기를 (③ 봐주실) 분을 구합니다.
　うちの赤ちゃんをお世話してくださる方を探しています。

---

① 돌아볼 (基本形：돌아보다　意味：振り返る)
② 두를 (基本形：두르다　意味：巻く)
③ 봐주실 (基本形：봐주다　意味：見逃す、世話をする)
④ 뵐 (基本形：뵙다　意味：お目にかかる)

重要ポイント　「봐주다」は「보아주다」の縮約形で、「見逃す、大目に見る」と「世話をする」という意味があります。文脈や状況によっては他の選択肢も空欄に入りえますが、2つの文に当てはまるのは③のみです。

⇒ 잘하다 (上手だ、うまくやる、礼儀正しく行動する)、구하다 (求める、探す)

5

・나는 그 얘기를 (④ 집안) 사람들한테 들어서 처음으로 알게 됐어요.
　私は、その話を家族に聞いて、初めて知りました。

・매일 시간을 만들기 힘들 경우에는 (④ 집안) 일을 하면서 몸을 움직이는 것이 운동의 한 방법이 될 수도 있습니다.
　毎日時間を作るのが大変な場合には、家事をしながら体を動かすことが、運動の一つの方法にもなりえます。

---

① 급한 (基本形：급하다　意味：急だ、急を要する)　② 친척 (意味：親戚)
③ 집 (意味：家)　　　　　　　　　　　　　　　　　④ 집안 (意味：身内、一族)

重要ポイント　①は、2つめの問題文であれば「급한 일(急な用事)」という形は成り立ちますが、文全体の意味が若干不自然になってしまいます。さらに、1つめの問題文には当てはまらないので、結果的に不正解となります。③の場合、1つめの問題文は「집사람(家内、妻)」となるのでOKですが、2つめの問題文には入れることができません。正解の④は「집안사람」で「家族」「身内」、「집안일」

で「家事」という意味になります。

◯ -기 힘들다（〜するのが大変だ）、-ㄹ 경우에는（〜な場合には、〜する場合には）、-ㄹ/을 수 있다（〜できる）

6

- 냄비에다가 재료와 물을 넣고 (② 푹) 익혀 주세요.
  鍋に材料と水を入れて、じっくり煮てください。
- 그리고나서 그는 잠에 (② 푹) 빠져 버렸대요.
  そうしてから、彼はぐっすりと寝入ってしまったそうです。

① 퍽 (意味：非常に、すごく)　② 푹 (意味：じっくり、ぐっすり、ずぼっと)
③ 펄쩍 (意味：ぱっと)　④ 온통 (意味：全部、すべて)

重要ポイント　「푹 익히다」で「じっくり煮る」、「잠에 푹 빠지다」で「ぐっすり寝入る」という意味になります。したがって、正解は②。

◯ 냄비（鍋）、-에다가（〜に）、재료（材料）、익히다（煮る、身につける、習う）、빠지다（落ち込む、はまる、おぼれる、熱中する、抜ける）、-아/어 버리다（〜してしまう）

7

- 방 한 구석에 먼지가 (③ 잔뜩) 쌓여 있다.
  部屋の片隅に、ほこりがいっぱい積もっている。
- 다친 상처가 안 나으면 어떡할까 (③ 잔뜩) 겁을 먹고 의사한테 얘기를 했는데 걱정하지 않아도 된다고 했습니다.
  けがした傷が治らなかったらどうしようかと、ひどく心配して医者に話をしたのですが、心配しなくてもいいと言われました。

① 제대로 (意味：思い通りに、まともに、ちゃんと)
② 가득히 (意味：いっぱいに、なみなみと)
③ 잔뜩 (意味：いっぱい、たっぷり、ひどく)

④ 널리 (意味：広く)

重要ポイント　「겁을 먹다」は「怖がる」「ものおじする」。選択肢②も③も、日本語の意味をみると「いっぱい(に)」とあるので、まぎらわしく感じるかもしれません。しかし、②の「가득히」は入れ物などにものが満ちている様子を表す「なみなみと」と言い換えることができる「いっぱい(に)」であるため、「겁을 먹다」と結びつくことができません。このように、副詞を問われる問題の場合は、何に対して使うことができるのかという点に留意する必要があります。

⇨ 구석 (隅)、먼지 (ほこり)、쌓이다 (積もる)、다치다 (けがする)、상처 (傷)、낫다 (治る)

8

・그 사업이 성공하든 말든 우리랑 아무 (② 상관)이 없잖아요.
　その事業が成功してもしなくても、私たちとは何の関係もないじゃないですか。

・남들이 뭐라고 해도 나는 (② 상관) 하지 않거든요.
　他の人たちが何と言っても、私は構わないんです。

① 관련 (意味：関連)　　② 상관 (意味：関係、関わり、相関)
③ 관계 (意味：関係)　　④ 관심 (意味：関心)

重要ポイント　選択肢の②も③も、同じく「関係」という意味を持っています。しかし、1つめの問題文で「상관이 없다」、「관계가 없다」(ともに「関係がない」の意味)が成立しても、2つめの問題文では「상관하지 않다(構わない)」を「관계하지 않다」に入れ替えることはできません。したがって、正解は②。

⇨ 사업 (事業)、성공하다 (成功する)、-든 (〜しても、〜しようと)、남 (他人、他の人)

9

・가지고 있는 돈으로 요금을 다 내면 (② 나머지)는 마음대로 써도 돼요.
　持っているお金で料金を全部払ったら、残りは好きに使ってもいいですよ。

・그날은 너무 힘든 (② 나머지) 집에 들어가자마자 잠이 들어 버렸다.
その日はとても疲れたあまり、家に帰るやいなや眠ってしまった。

① 김에 (意味：ついでに)　　② 나머지 (意味：残り、余り)
③ 반면 (意味：反面)　　　　④ 경우 (意味：場合)

重要ポイント　「나머지」は「残り」「余り」という意味ですが、「-ㄴ 나머지」の形で「～なあまり」「～するあまり」という意味になります。

⊃ 요금(料金)、마음대로(思うとおりに、勝手に、気ままに)、잠이 들다(眠る)

10

・(④ 뜻하)시는 모든 일을 다 이루시길 바랍니다.
志されるすべてのことが、成し遂げられますように。

・(④ 뜻하)지 않게 중요한 일을 맡게 되어 부담이 되지만 열심히 하겠습니다.
思いがけず重要な仕事を任されてプレッシャーを感じますが、一生懸命頑張ります。

① 원하 (基本形：원하다　意味：願う、望む)
② 희망하 (基本形：희망하다　意味：希望する)
③ 의도하 (基本形：의도하다　意味：意図する)
④ 뜻하 (基本形：뜻하다　意味：志す)

重要ポイント　1つめの問題文は、年賀状でよく使われるフレーズです。「뜻하다」には、ここで使われている「志す」の意味のほかにも「意味する」という意味を持ちます。さらに、「뜻하지 않게」の形で「考えもしない」「思いもよらない」「予想もしない」という意味を表します。

また、2つめの問題文の「부담이 되지만」は、直訳すると「負担になりますが」ですが、「プレッシャーを感じますが」ほどの意味です。

⊃ 이루다(成し遂げる)、바라다(望む、願う)、맡다(受け持つ、担当する、引き受ける)、부담(負担)

対話文完成

練習問題

対話文を完成させるのに適切なものを①～④の中から1つ選びなさい。

1) A：옛날이야기를 어머니한테 많이 들었어요.
   B：(　　　　　　　　　)
   ① 나이가 어려서 그랬나 봐요.
   ② 그럴듯한 얘기네요.
   ③ 가장 기억에 남아 있는 얘기가 뭐예요?
   ④ 아직도 그런 얘기를 하고 다녀요?

2) A：방을 정리해야 되는데 이번 주말에도 시간이 없었어요.
   B：(　　　　　　　　　)
   ① 청소는 한꺼번에 하려면 힘들죠.
   ② 깨끗하게 씻으세요.
   ③ 빨래는 시간이 있어야 할 수 있죠.
   ④ 이사하시려면 방은 넓은 게 낫죠.

3) A：인사가 늦어서 죄송합니다.
   B：(　　　　　　　　　)
   ① 아직 늦지 않았습니다.
   ② 저도 오늘 지각했어요.
   ③ 그 피시는 반응 속도가 느려요.
   ④ 뭘요. 괜찮습니다.

4) A：(　　　　　　　　　)
   B：그래요? 아까는 말을 많이 하던데요?
   ① 몸무게가 많이 나가요.
   ② 걔는 입이 무거운 사람인가 봐요.
   ③ 정말 말도 안되는 결정이에요.
   ④ 그 사람은 입이 가볍잖아요.

5) A : 거의 다 왔으니까 거기서 조금만 더 기다려 주시겠어요?
   B : (   )
   ① 제가 할 테니까 걱정 마세요.
   ② 죄송해요. 약속 장소를 깜빡했어요.
   ③ 괜찮아요. 천천히 오세요.
   ④ 무슨 일이 있어도 전 못 가요.

6) A : 집 나올 때 문을 잠갔는지 아무리 생각해도 생각이 안 나요.
   B : (   )
   ① 열쇠가 가방 안에 없더라고요.
   ② 혹시 안 잠그고 온 거 아니에요?
   ③ 약속이 몇 시였는지 다시 생각해 봐요.
   ④ 이사 날짜는 15일로 잡혔다는데요?

7) A : 요즘엔 나리 씨 얼굴 보기가 힘든데 왜 그러죠?
   B : (   )
   ① 볼일이 너무 많아서 정신이 하나도 없대요.
   ② 나리 씨는 어머님을 많이 닮았대요.
   ③ 못생긴 건 아닌데 전 별로네요.
   ④ 최근엔 힘든 일이 있어서 살이 빠졌어요.

8) A : (   )
   B : 네, 하루바삐 서둘러서 수술하지 않으면 위험하대요.
   ① 언니가 오래 아팠다는데 지금은 어떠세요?
   ② 이모가 병원에 다니시는 게 아니라면서요?
   ③ 그 사람들은 이 아픔을 죽었다 깨어나도 모를 거예요.
   ④ 직장 다닌다는 게 이렇게 신경 쓰이고 바쁜 줄 몰랐죠.

9) A : 친구한테서 문자가 왔는데 어떻게 치는지 모르겠어요.
   B : (   )
   ① 글쓰기를 잘하려면 연습을 많이 해야죠.
   ② 그러면 나가는 길에 편지를 부치세요.
   ③ 급한 일이면 전화해 보는 게 낫지 않아요?
   ④ 어렵게 생각하지 마시고 편히 해 보시죠.

解答と解説

対話文の一方を提示し、それに対して適切な文を選ぶ問題です。

1

A:옛날이야기를 어머니한테 많이 들었어요.
　昔話を母からたくさん聞きました。
B:(③ 가장 기억에 남아 있는 얘기가 뭐예요?)
　一番記憶に残っている話は何ですか？

---

① 나이가 어려서 그랬나 봐요.(幼かったからでしょうね。)
② 그럴듯한 얘기네요.(それらしい話ですよね。)
③ 가장 기억에 남아 있는 얘기가 뭐예요?
　(一番記憶に残っている話は何ですか？)
④ 아직도 그런 얘기를 하고 다녀요?
　(まだそんな話をして回っているんですか？)

重要ポイント　正解③の「기억에 남아 있다」は「記憶に残っている」「覚えている」という意味。①の「그랬나 봐요」は「그러다(そうする)」の過去形に「-나 보다(〜ようだ)」がついた形で、「そうしたようだ」「そうしたみたいだ」。②の「그럴듯한 얘기」は、まず「連体形＋듯하다」で「〜らしい、〜のような、〜そうだ」。この連体形にさらに「얘기(話)」がついて「そういうような話」「それらしい話」となります。④の「얘기를 하고 다녀요?」は、「얘기를 하다(話をする)」に「-고 다니다(〜して歩き回る)」がついて「話をして回る、話をして歩き回る」。

➲ 옛날이야기(昔話)

2

A:방을 정리해야 되는데 이번 주말에도 시간이 없었어요.
　部屋を整理しなければいけないのに、今週末も時間がありませんでした。
B:(① 청소는 한꺼번에 하려면 힘들죠.)

> 掃除は一度にやろうとすると大変ですよね。

① 청소는 한꺼번에 하려면 힘들죠.
(掃除は一度にやろうとすると大変ですよね。)
② 깨끗하게 씻으세요. (きれいに洗ってください。)
③ 빨래는 시간이 있어야 할 수 있죠. (洗濯は時間がないとできないですよね。)
④ 이사하시려면 방은 넓은 게 낫죠.
(引っ越しされるなら、部屋は広いほうが良いですね。)

重要ポイント　正解①の「하려면」は、「하다(する)」に「-려면(〜しようとすれば、〜するには)」がついた形です。③「시간이 있어야」の「있어야」は、「있다(ある)」に「-아/어야(〜してこそ、〜してはじめて)」がついた形。直訳すると「時間があってこそ」「時間があってはじめて」。「시간이 있어야 할 수 있다」で「時間があってこそできる」、つまり「時間がないとできない」という意味になります。

➲ 정리(整理)、청소(掃除)、한꺼번에(一度に)

3

A：인사가 늦어서 죄송합니다.
　　ご挨拶が遅れて申し訳ありません。
B：(④ 뭘요. 괜찮습니다.)
　　そんな。大丈夫ですよ。

① 아직 늦지 않았습니다. (まだ遅くありません。)
② 저도 오늘 지각했어요. (私も今日遅刻しました。)
③ 그 피시는 반응 속도가 느려요. (そのパソコンは、反応速度が遅いです。)
④ 뭘요. 괜찮습니다. (そんな。大丈夫ですよ。)

重要ポイント　正解④の「뭘요」は、ほめられたり、過分な謝意を伝えられたときに、「そんな」「いえいえ」という意味で使われます。

4

A : (② 걔는 입이 무거운 사람인가 봐요.)
　　彼は口が重い人のようですね。
B : 그래요? 아까는 말을 많이 하던데요?
　　そうですか？ さっきはたくさん話していましたけど。

---

① 몸무게가 많이 나가요. (体重が重いです。)
② 걔는 입이 무거운 사람인가 봐요. (彼は口が重い人のようですね。)
③ 정말 말도 안되는 결정이에요. (本当にとんでもない決定です。)
④ 그 사람은 입이 가볍잖아요. (その人は口が軽いじゃないですか。)

重要ポイント　正解②の「입이 무겁다 (口が重い)」は、「무겁다」が【ㅂ変格活用】の用言なので、連体形は「무거운」となります。①の「나가다」には、「出る」「出かける」のほかに「(重さなどが)一定の程度に達する」という意味があります。③の「말도 안 되다」は「話にならない」「とんでもない」。Bの文で使われている「말을 많이 하다」は、「たくさん話す」以外に、「文句が多い」という意味もあります。

➡ 입이 무겁다 (口が重い)、-ㄴ가 보다 (〜のようだ、〜みたいだ)、아까 (さっき)

5

A : 거의 다 왔으니까 거기서 조금만 더 기다려 주시겠어요?
　　まもなく到着しますので、そこでもう少しだけ待ってくださいますか？
B : (③ 괜찮아요. 천천히 오세요.)
　　大丈夫です。ゆっくりおこしください。

---

① 제가 할 테니까 걱정 마세요. (私がしますから、心配しないでください。)
② 죄송해요. 약속 장소를 깜빡했어요.
　　(申し訳ありません。約束の場所をうっかり忘れてしまいました。)
③ 괜찮아요. 천천히 오세요. (大丈夫です。ゆっくりおこしください。)
④ 무슨 일이 있어도 전 못 가요. (何があっても、私は行くことができません。)

重要ポイント　①の「할 테니까」は「하다 (する)」に「-ㄹ 테니까 (〜予

定だから、～つもりだから)」がついた形。②の「깜빡하다」は、「깜박하다」の強調形で、「うっかりする」「ど忘れする」という意味。また、Aの文の「거의 다 왔어요」は直訳で「ほとんどすべて来ました」。すなわち「まもなく到着します」の意味。

6

A : 집 나올 때 문을 잠갔는지 아무리 생각해도 생각이 안 나요.
家を出てくるときに鍵を閉めたか、いくら考えても思い出せません。

B : (② 혹시 안 잠그고 온 거 아니에요?)
ひょっとしたら、閉めずに来たんじゃないですか？

---

① 열쇠가 가방 안에 없더라고요. (鍵がかばんの中になかったんですよ。)
② 혹시 안 잠그고 온 거 아니에요?
　(ひょっとしたら、閉めずに来たんじゃないですか？)
③ 약속이 몇 시였는지 다시 생각해 봐요.
　(約束が何時だったのか、もう一度考えてみてください。)
④ 이사 날짜는 15일로 잡혔다는데요?
　(引っ越しの日付は15日に決まったそうですが？)

重要ポイント　잠그다 は【으変格活用】の用言なので、「-아/어」で始まる語尾が続く場合には「잠가」となります。④の잡히다には、「つかまれる」「にぎられる」のほかに「(計画などがおおざっぱに)決まる」という意味があります。

⇒ 잠그다 (〈鍵を〉かける)、아무리 (どんなに、いくら)

7

A : 요즘엔 나리 씨 얼굴 보기가 힘든데 왜 그러죠?
最近ナリさんを見かけませんが、どうしてでしょうね？

B : (① 볼일이 너무 많아서 정신이 하나도 없대요.)
用事があまりに多くて、何がなんだか訳が分からないそうですよ。

① 볼일이 너무 많아서 정신이 하나도 없대요.
　(用事があまりに多くて、何がなんだか訳が分からないそうですよ。)
② 나리 씨는 어머님을 많이 닮았대요.
　(ナリさんはお母さんにとても似ているそうです。)
③ 못생긴 건 아닌데 전 별로네요.
　(不細工なわけじゃないんですが、私はいまいちですね。)
④ 최근엔 힘든 일이 있어서 살이 빠졌어요.
　(最近辛いことが多くて、やせました。)

重要ポイント　正解①の「정신이 없다」を直訳すると「精神がない」。この文の場合は、「あまりの忙しさで訳が分からない」というような意味になります。Aの文に出てくる「얼굴 보기가 힘들다」は、直訳すると「顔を見るのが大変だ」、つまり「なかなか会えない」という意味です。

➲ 볼일(用事)、정신이 없다(無我夢中だ、正気でない、うわの空だ)

8

A：(① 언니가 오래 아팠다는데 지금은 어떠세요?)
　お姉さんが、長い間体調が悪かったそうですが、今はどうですか？
B：네, 하루바삐 서둘러서 수술하지 않으면 위험하대요.
　ええ、一日も早く手術をしないと危険だそうです。

➲ 하루바삐(一日も早く、急いで)、서두르다(急ぐ、あわてる)、수술(手術)、위험하다(危険だ)

① 언니가 오래 아팠다는데 지금은 어떠세요?
　(お姉さんが、長い間体調が悪かったそうですが、今はどうですか？)
② 이모가 병원에 다니시는 게 아니라면서요?
　(おばさんが病院に通っていらっしゃるんじゃないそうですね？)
③ 그 사람들은 이 아픔을 죽었다 깨어나도 모를 거예요.
　(その人たちはこの痛みを絶対に分からないでしょう。)
④ 직장 다닌다는 게 이렇게 신경 쓰이고 바쁜 줄 몰랐죠?
　(働くということが、こんなに気を使って忙しいとは思わなかったでしょう？)

重要ポイント　Bの文にある「서두르다」は【르変格活用】の用言なので、

「-아/어」で始まる語尾が続くと「서둘러」となります。「위험하대요」は「위험하다고 해요」の縮約形で、意味は「危険だそうです」。なお、③の「죽었다 깨어나도」は「絶対に」「何があっても」という慣用句です。

9

A: 친구한테서 문자가 왔는데 어떻게 치는지 모르겠어요.
友達から携帯メールが来たんですが、どうやって打つのか分かりません。
B: (③ 급한 일이면 전화해 보는 게 낫지 않아요?)
急ぎの用なら、電話をしてみたほうがいいんじゃないですか?

① 글쓰기를 잘하려면 연습을 많이 해야죠.
（文章を上手に書きたいのなら、練習をたくさんしなければなりませんね。）
② 그러면 나가는 길에 편지를 부치세요.
（それでは、出かけるついでに手紙を出してください。）
③ 급한 일이면 전화해 보는 게 낫지 않아요?
（急ぎの用なら、電話をしてみたほうがいいんじゃないですか？）
④ 어렵게 생각하지 마시고 편히 해 보시죠.
（難しく考えないで、気楽にやってみてください。）

重要ポイント 正解③の「급한 일」は「急ぎの用」「急用」。①の「-려면」は、「～しようとすれば」「～したければ」「～するには」。②の「나가는 길에」は、「나가다（出かける、出る）」に「-는 길에（～するついでに、～する道すがら）」がついた形で、「出かけるついでに」という意味になります。

⊃ 치다(打つ)、급하다(急だ、急を要する)、낫다(ましだ、よい)

漢字語

練習問題

下線部の漢字のハングル表記と同じものを①〜④の中から1つ選びなさい。

1) 選<u>挙</u>　①<u>歳</u>月　②<u>成</u>績　③<u>生</u>命　④<u>先</u>輩

2) <u>平</u>均　①<u>便</u>利　②<u>評</u>価　③<u>表</u>情　④<u>変</u>化

3) 違<u>反</u>　①周<u>囲</u>　②以<u>外</u>　③疑<u>問</u>　④維<u>持</u>

4) <u>整</u>理　①<u>総</u>合　②<u>情</u>報　③<u>前</u>後　④<u>存</u>在

5) <u>候</u>補　①<u>行</u>動　②<u>考</u>慮　③<u>公</u>務員　④<u>後</u>輩

6) 経<u>験</u>　①形<u>式</u>　②計<u>算</u>　③傾<u>向</u>　④現<u>在</u>

7) <u>販</u>売　①<u>範</u>囲　②<u>法</u>律　③<u>方</u>法　④<u>批</u>判

8) 若<u>干</u>　①薬<u>局</u>　②洋<u>服</u>　③演<u>劇</u>　④勇<u>気</u>

9) 習<u>慣</u>　①<u>関</u>連　②<u>簡</u>単　③<u>感</u>覚　④<u>講</u>師

10) <u>衝</u>撃　①<u>処</u>理　②<u>初</u>級　③<u>取</u>消　④<u>充</u>電

解答と解説

　漢字のハングル表記を問う問題です。この形式の問題は、3級で初めて登場します。『トウミ』改訂版掲載の5～3級の語彙リストの漢字語の中で、特に日本語でもよく用いられる単語については、韓国語での読み方を正確に把握しておきましょう。漢字の日本語読みと韓国語読みの対応ルールについては、P.128～P.135を参考にしてください。

1

選挙	① 歳月	② 成績	③ 生命	④ 先輩
선거	세월	성적	생명	선배

正　解　④ 先輩

선と読む3級レベルの単語　選手 선수　　選択 선택

2

平均	① 便利	② 評価	③ 表情	④ 変化
평균	편리	평가	표정	변화

正　解　② 評価

평と読む3級レベルの単語　平音 평음　　平和 평화

3

違反	① 周囲	② 以外	③ 疑問	④ 維持
위반	주위	이외	의문	유지

正　解　① 周囲

위と読む3級レベルの単語　委員 위원　　位置 위치　　危機 위기　　地位 지위
行為 행위　　単位 단위　　範囲 범위　　雰囲気 분위기　　順位 순위

4

整理	① 総合	② 情報	③ 前後	④ 存在
정리	총합	정보	전후	존재

正解 ② 情報

정と読む3級レベルの単語　人情 인정　一定 일정　停留所 정류장　政府 정부
正常 정상　精神 정신　政治 정치　正確 정확　表情 표정　感情 감정
過程 과정　否定 부정　事情 사정　修正 수정

5

候補	① 行動	② 考慮	③ 公務員	④ 後輩
후보	행동	고려	공무원	후배

正解 ④ 後輩

후と読む3級レベルの単語　最後 최후　後期 후기　後半 후반　前後 전후

6

経験	① 形式	② 計算	③ 傾向	④ 現在
경험	형식	계산	경향	현재

正解 ③ 傾向

경と読む3級レベルの単語　環境 환경　競技 경기　警察 경찰　背景 배경　神経 신경

7

販売	① 範囲	② 法律	③ 方法	④ 批判
판매	범위	법률	방법	비판

正解 ④ 批判

判と読む3級レベルの単語 裁判 재판　判断 판단

8

若干　　　①薬局　　　②洋服　　　③演劇　　　④勇気
약간　　　　약국　　　　양복　　　　연극　　　　용기

正　解　① 薬局

9

習慣　　　①関連　　　②簡単　　　③感覚　　　④講師
습관　　　　관련　　　　간단　　　　감각　　　　강사

正　解　① 関連

관と読む3級レベルの単語　旅館 여관　　関係 관계　　観光 관광　　管理 관리
関心 관심　　機関 기관　　楽観的 낙관적

10

衝撃　　　①処理　　　②初級　　　③取消　　　④充電
충격　　　　처리　　　　초급　　　　취소　　　　충전

正　解　④ 充電

충と読む3級レベルの単語　充分 충분

対話文読解

練習問題 ❶

対話文を読んで、【問1】～【問3】に答えなさい。

　　숙영 : 상욱 씨가 점심 같이 먹자는데 같이 안 갈래요?
　　유식 : 미안하지만, 전……
　　숙영 : 아직 식사 안 했죠? 어디 아파요?
　　유식 : 머리가 좀 아파서요.
　　숙영 : 왜 그래요? 감기 아니에요?
　　유식 : 괜찮아요. 걱정 마세요.
　　　　　요즘 (　　　) 일이 많아서 피곤해서 그래요.
　　숙영 : 요새는 감기도 유행한다니까 가볍게 생각하면 안 돼요.
　　　　　바쁘더라도 무리하지 말고 좀 쉬세요.

【問1】対話の主な話題として最も適切なものを①～④の中から1つ選びなさい。

　　① 환경 문제　　② 교통 수단
　　③ 건강 관리　　④ 음식 판매

【問2】(　　)に入れるのに適切なものを①～④の中から1つ選びなさい。

　　① 신경 쓰는　　② 머리를 스치는
　　③ 목이 메는　　④ 가슴이 떨리는

【問3】対話の内容と一致しないものを①～④の中から1つ選びなさい。

　　① 상욱 씨는 밥 먹으러 가자고 했다.
　　② 유식 씨는 숙영 씨랑 식사를 하기로 했었다.
　　③ 유식 씨는 아픈 이유를 피곤해서 그렇다고 했다.
　　④ 숙영 씨는 아플 땐 쉬지 않으면 안 된다고 했다.

解答と解説 ❶

対話文を読んで、内容を正確に把握しているかが問われる問題です。

숙영 : 상욱 씨가 점심 같이 먹자는데 같이 안 갈래요?
　　　サンウクさんが、お昼を一緒に食べようって言うんですけど、一緒に行きませんか？
유식 : 미안하지만, 전……
　　　申し訳ないんですが、私は……。
숙영 : 아직 식사 안 했죠? 어디 아파요?
　　　まだ食事してませんよね？　どこか具合が悪いんですか？
유식 : 머리가 좀 아파서요.
　　　ちょっと頭が痛くて。
숙영 : 왜 그래요? 감기 아니에요?
　　　どうしたんですか？　風邪じゃないんですか？
유식 : 괜찮아요. 걱정 마세요.
　　　大丈夫です。心配しないでください。
　　　요즘 (신경 쓰는) 일이 많아서 피곤해서 그래요.
　　　最近、気を使うことが多くて、疲れたからなんです。
숙영 : 요새는 감기도 유행한다니까 가볍게 생각하면 안 돼요.
　　　最近は風邪もはやっているというから、軽く見てはだめですよ。
　　　바쁘더라도 무리하지 말고 좀 쉬세요.
　　　忙しくても無理しないで、ちょっと休んでください。

➲ 신경 쓰다（気を使う）、유행하다（はやる、流行する）、-더라도（～しても、～であっても）、무리하다（無理する）、-지 말고（～しないで）

1

対話の主な話題として適切なものを選ぶ問題です。

① 환경 문제（環境問題）　　② 교통 수단（交通手段）
③ 건강 관리（健康管理）　　④ 음식 판매（食べ物の販売）

　　正　　解　　③ 건강 관리

重要ポイント　まず、昼食についての話題が出ますが、その後体調が良くないこと、それに対してちゃんと休んだ方がいいという話になるので、正解は③。

2

適切な語句を選んで、文章を完成させる問題です。

① 신경 쓰는（基本形：신경 쓰다　意味：気を使う）
② 머리를 스치는（基本形：머리를 스치다　意味：頭をよぎる）
③ 목이 메는（基本形：목이 메다　意味：喉につまる）
④ 가슴이 떨리는（基本形：가슴이 떨리다　意味：胸が震える）

正　解　① 신경 쓰는

3

対話の内容と一致しないものを選ぶ問題です。一致するものではないところに注意しましょう。

① 상욱 씨는 밥 먹으러 가자고 했다.
　（サンウクさんはご飯を食べに行こうと言った。）
② 유식 씨는 숙영 씨랑 식사를 하기로 했었다.
　（ユシクさんはスギョンさんと食事をすることにしていた。）
③ 유식 씨는 아픈 이유를 피곤해서 그렇다고 했다.
　（ユシクさんは、体調の悪い理由を疲れたからだと言った。）
④ 숙영 씨는 아플 땐 쉬지 않으면 안 된다고 했다.
　（スギョンさんは、具合の悪いときは休まなければいけないと言った。）

正　解　② 유식 씨는 숙영 씨랑 식사를 하기로 했었다.

重要ポイント　①は、スギョンが「상욱 씨가 점심 같이 가자는데 같이 안 갈래요?」と言っているため、内容と一致しています。「같이 가자는데（一緒に行こうって言うんですけど）」のような引用形が出てくる場合には、対話をしている2人以外の人物が話の中に登場しうるため、誰が誰に対して何と言ったのかに注意しましょう。また、③、④も内容と一致しています。「ユシクとスギョンが一緒に食事をすることにしていた」という部分がないことから、正解は②。

練習問題 ❷

対話文を読んで、【問1】～【問3】に答えなさい。

경민 : 요즘 불경기가 너무하네요. 일자리도 없고.
태희 : 그러네요. 요즘은 일자리 구하기도 힘드네요.
경민 : 너무한 것 같아요. 직장을 구하러 다녀도 나이가 많아서 안 된대요. 이제 어떻게 (　　　) 할지 모르겠어요.
태희 : 힘내세요. 다른 사람들도 현재 비슷한 상황에 있을 거예요. 모두가 힘든 때예요. 조금만 참으세요.
경민 : 그러네요. 좀더 열심히 해봐야겠네요.
태희 : 그래요. 힘든 날이 있으면 좋은 날도 있을 거예요.

【問1】対話の主な内容として最も適切なものを①～④の中から1つ選びなさい。

① 생활하기 힘든 상황　　② 소중한 시기
③ 행복한 시간　　　　　④ 차이 나는 생활

【問2】(　　)に入れるのに適切なものを①～④の中から1つ選びなさい。

① 챙겨야　　　　　　　② 하고 싶어
③ 먹고 살아야　　　　　④ 태워야

【問3】対話の内容と一致するものを①～④の中から1つ選びなさい。

① 일본도 지금 경기가 안 좋다.
② 경민 씨는 나이 때문에 일자리를 구할 수 없었다.
③ 태희 씨는 나만 힘든다고 했다.
④ 경민 씨는 태희 씨한테 힘내라고 했다.

解答と解説 ❷

　練習問題1と同じく、対話文を読んで、内容を正確に把握しているかが問われる問題です。

경민：요즘 불경기가 너무하네요. 일자리도 없고.
　　　最近不景気がひどいですね。仕事の口もないし。
태희：그러네요. 요즘은 일자리 구하기도 힘드네요.
　　　そうですね。最近は仕事を探すのも大変ですよね。
경민：너무한 것 같아요. 직장을 구하러 다녀도 나이가 많아서 안 된대요.
　　　ひどすぎると思います。職場を探して回っても、歳を取っているからダメだと言うんです。
　　　이제 어떻게 (③ 먹고 살아야) 할지 모르겠어요.
　　　もう、どう生きてゆけばいいのか分かりません。
태희：힘내세요. 다른 사람들도 현재 비슷한 상황에 있을 거예요.
　　　元気出してください。他の人も今、同じような状況にいるはずです。
　　　모두가 힘든 때예요. 조금만 참으세요.
　　　みんながつらい時なんです。少しだけ我慢なさってください。
경민：그러네요. 좀더 열심히 해봐야겠네요.
　　　そうですね。もう少し頑張ってみないといけませんね。
태희：그래요. 힘든 날이 있으면 좋은 날도 있을 거예요.
　　　そうですよ。つらい時があれば、いい日もあるはずです。

➲ 불경기(不景気)、너무하다(あまりだ、ひどい)、일자리(仕事、仕事の口、職)、구하다(得る)、힘내다(元気を出す、頑張る)、참다(我慢する、耐える)

1

　対話の主な話題として適切なものを選ぶ問題です。

① 생활하기 힘든 상황 (生活しづらい状況)
② 소중한 시기 (大切な時期)
③ 행복한 시간 (幸せな時間)
④ 차이 나는 생활 (差がつく生活)

　　正　　解　　① 생활하기 힘든 상황
　　重要ポイント　　正解①の「-하기 힘들다」は「〜するのが大変だ」「つら

い」。④の「차이(가) 나다」は、直訳すると「差が出る」で、「差がつく」という意味となる。

2

適切な語句を選んで、文章を完成させる問題です。

① 챙겨야 (基本形：챙기다　意味：準備する)
② 하고 싶어 (基本形：하고 싶다　意味：したい)
③ 먹고 살아야 (基本形：먹고 살다　意味：食べて暮らす、生きてゆく)
④ 태워야 (基本形：태우다　意味：燃やす)

正　解　③ 먹고 살아야

重要ポイント　正解③の「먹고 살다」は、直訳すると「食べて暮らす」「食べて生きる」ですが、「生きてゆく、生活する」という意味で用いられます。「-아/어야 하다」は「〜しなければならない」。したがって、「먹고 살아야 할지」を直訳すると「食べて暮らしていかなければならないのか」です。

3

対話の内容と一致するものを選ぶ問題です。

① 일본도 지금 경기가 안 좋다.
　(日本も今、景気が悪い。)
② 경민 씨는 나이 때문에 일자리를 구할 수 없었다.
　(キョンミンさんは、年齢のために仕事を探すことができなかった。)
③ 태희 씨는 나만 힘들다고 했다.
　(テヒさんは、自分だけがつらいと言った。)
④ 경민 씨는 태희 씨한테 힘내라고 했다.
　(キョンミンさんは、テヒさんに頑張れと言った。)

正　解　② 경민 씨는 나이 때문에 일자리를 구할 수 없었다.

重要ポイント　キョンミンが「직장을 구하러 다녀도 나이가 많아서 안 된대요」と言っている部分があるため、正解は②。

長文読解

練習問題 ❶

文章を読んで、問いに答えなさい。

　재작년에 어떤 공연을 보러 한국에 간 적이 있다. 혼자 외국에 가 보는 것은 처음이라서 긴장하기도 했지만 잘 갔다 올 수가 있었다. 그 얘기를 들은 한 친구가 올 여름에 휴가를 얻어서 같이 서울에 가자고 했다. (　　　) 보고 싶은 무대 공연 티켓을 구할 생각인데 같이 갈 사람이 없다는 것이다. 우리는 같이 가기로 했다. 그리고 시간을 내서 다른 지방에도 한번 가 보자는 얘기도 나왔다. 그런데 다음날에 그 친구한테 문자가 왔다. 생각보다 쉴 수 있는 날이 적어서 지방으로는 못 갈지도 모른다는 연락이었다. 그래서 나는 그러면 서울에서 무대를 본 다음에 친구하고 헤어져서 혼자라도 지방으로 내려가는 것은 어떨까 하는 생각을 하고 있다.

【問1】(　　)に入れるのに最も適切なものを①～④の中から1つ選びなさい。

① 그 사람에 한해서
② 모임에 온 사람에 비하면
③ 참가하고 싶은 사람과 마찬가지로
④ 아는 사람을 통해서

【問2】本文の内容と一致するものを①～④の中から1つ選びなさい。

① 둘 다 한국에 가 본 적이 없는 사람이다.
② 결국은 그 무대 공연 티켓은 예약할 수 없었다.
③ 둘은 서울뿐만 아니라 다른 지방에도 갈 예정이었다.
④ 이번에 같이 가자고 한 친구는 한국에 못 가게 되었다.

解答と解説 ❶

長文の内容把握が正確にできているかを問われる問題です。

재작년에 어떤 공연을 보러 한국에 간 적이 있다. 혼자 외국에 가 보는 것은 처음이라서 긴장하기도 했지만 잘 갔다 올 수가 있었다. 그 얘기를 들은 한 친구가 올 여름에 휴가를 얻어서 같이 서울에 가자고 했다. (④ 아는 사람을 통해서) 보고 싶은 무대 공연 티켓을 구할 생각인데 같이 갈 사람이 없다는 것이다. 우리는 같이 가기로 했다. 그리고 시간을 내서 다른 지방에도 한번 가 보자는 얘기도 나왔다. 그런데 다음날에 그 친구한테 문자가 왔다. 생각보다 쉴 수 있는 날이 적어서 지방으로는 못 갈지도 모른다는 연락이었다. 그래서 나는 그러면 서울에서 무대를 본 다음에 친구하고 헤어져서 혼자라도 지방으로 내려가는 것은 어떨까 하는 생각을 하고 있다.

一昨年、とある公演を見に韓国に行ったことがある。ひとりで外国に行ってみるのは初めてで緊張しもしたが、無事行ってくることができた。その話を聞いたある友人が、今年の夏に休暇を取って一緒にソウルに行こうと言った。知り合いを通して、見たい舞台公演のチケットを購入するつもりなのだが、一緒に行く人がいないということだ。私たちは一緒に行くことにした。そして、時間を作って、他の地方にも一度行ってみようという話も出た。だが次の日、その友人から携帯メールが来た。思ったより休める日が少なく、地方には行けないかもしれないという連絡だった。それで、私はそれならソウルで舞台を見た後に友人と分かれて、ひとりでも地方に行ってみるのはどうかなと考えている。

➡ 재작년(一昨年)、공연(公演)、-ㄴ 적이 있다(〜したことがある)、긴장하다(緊張する)、휴가를 얻다(休暇を取る、休暇をもらう)、무대(舞台)、구하다(求める、探す)、-ㄹ 테니까(〜予定だから、〜つもりだから)、문자(携帯メール)、-ㄹ지도 모르다(〜かもしれない)

1

適切な語句を選んで、文章を完成させる問題です。

① 그 사람에 한해서 (その人に限って)

② 모임에 온 사람에 비하면(集まりに来た人に比べると)
③ 참가하고 싶은 사람과 마찬가지로(参加したい人と同じく)
④ 아는 사람을 통해서(知り合いを通して)

| 正　　解 | ④ 아는 사람을 통해서 |

| 重要ポイント | 正解④は「아는 사람(知り合い)」に「-을/를 통해서(〜を通じて、〜を通して)」がついた形です。

2

文章の内容と一致するものを選ぶ問題です。

① 둘 다 한국에 가 본 적이 없는 사람이다.
（2人とも韓国に行ったことがない人だ。）
② 결국은 그 무대 공연 티켓은 예약할 수 없었다.
（結局、その舞台公演のチケットは予約できなかった。）
③ 둘은 서울뿐만 아니라 다른 지방에도 갈 예정이었다.
（2人は、ソウルだけでなく、他の地方へも行く予定だった。）
④ 이번에 같이 가자고 한 친구는 한국에 못 가게 되었다.
（今回一緒に行こうと言った友人は、韓国に行けなくなった。）

| 正　　解 | ③ 둘은 서울뿐만 아니라 다른 지방에도 갈 예정이었다. |

| 重要ポイント | ①は、冒頭で「재작년에 어떤 공연을 보러 한국에 간 적이 있다」とあるため不正解。②は、予約できたかどうかについては触れられていないため、本文の内容から読み取ることはできません。④は「생각보다 쉴 수 있는 날이 적어서 지방으로는 못 갈지도 모른다는 연락이었다.」とあり、友人は地方には行くことができないかもしれないとは言っていますが、韓国に行くことができなくなったわけではないため不正解。正解は、「그 얘기를 들은 한 친구가 올 여름에 휴가를 얻어서 같이 서울에 가자고 했다.」「그리고 시간을 내서 다른 지방에도 한번 가 보자는 얘기도 나왔다.」とあるため、③となります。

練習問題 ❷

文章を読んで、問いに答えなさい。

　일본에서는 택시를 타는 일이 별로 없었는데 한국에서는 밖에 나갈 (A) 택시를 이용하게 됐다. 시내버스를 타도 되는데 (　　　) 갑자기 예정이 변경되는 경우가 많아서 그렇다. 두세 명이 같이 타면 지하철이나 버스를 이용하는 것보다 요금이 싸질 때도 있다. 예전에 비하면 교통 요금이 많이 (B) 하지만 일본 교통비하고는 비교도 안 된다. 일본에서 이렇게 마음대로 택시를 타면 <u>큰일이 날 것이다</u>. 이러한 차이가 나는 것은 여러 이유가 있겠지만 이건 내가 생각하는 한국의 좋은 점 중의 하나다.
※ 예전：以前、昔

【問1】(　　) に入れるのに最も適切なものを①〜④の中から1つ選びなさい。

① 방학이 와서　　　② 오랫동안 못 만나거나
③ 밤중에 잠이 깨서　　　④ 급한 일이 생기거나

【問2】AとBに入れるのに適切なものを①〜④の中から1つ選びなさい。

① 때만큼 – 올랐다고는　　　② 때마다 – 올렸다고는
③ 때만큼 – 올렸다고는　　　④ 때마다 – 올랐다고는

【問3】'큰일이 날 것이다' と述べている理由は何ですか。もっとも適切なものを①〜④の中から1つ選びなさい。

① 한국에 비하면 일본 교통비가 비싸기 때문에.
② 길이 많이 복잡하기 때문에.
③ 개인택시가 적어서.
④ 교통사고가 너무 많아서.

【問4】本文の内容と一致するものを①～④の中から1つ選びなさい。

① 이 사람에게는 한국에서 마음에 든 점이 없다.
② 일본은 한국에 비해 교통 위반이 많다.
③ 한국은 옛날보다 차비가 비싸졌다.
④ 이 사람은 일본에서는 절대로 택시를 타지 않는다.

解答と解説 ❷

練習問題1と同じく、長文の内容把握が正確にできているかを問われます。

　일본에서는 택시를 타는 일이 별로 없었는데 한국에서는 밖에 나갈 (A 때마다) 택시를 이용하게 됐다. 시내버스를 타도 되는데 (④ 급한 일이 생기거나) 갑자기 예정이 변경되는 경우가 많아서 그렇다. 두세 명이 같이 타면 지하철이나 버스를 이용하는 것보다 요금이 싸질 때도 있다. 예전에 비하면 교통 요금이 많이 (B 올랐다고는) 하지만 일본 교통비하고는 비교도 안 된다. 일본에서 이렇게 마음대로 택시를 타면 큰일이 날 것이다. 이러한 차이가 나는 것은 여러 이유가 있겠지만 이건 내가 생각하는 한국의 좋은 점 중의 하나다.

　日本ではタクシーに乗ることがあまりなかったが、韓国では外に出るたびにタクシーを利用するようになった。市内バスに乗ってもいいのだが、急用ができたり突然予定が変更になる場合が多いからだ。2、3人が一緒に乗れば、地下鉄やバスを使うより安くなる時もある。以前に比べたら交通費がかなり上がったとは言うが、日本の交通費とは比べものにならない。日本でこんなふうに思いのままにタクシーに乗ったら、大変なことになるだろう。このような違いが生じるのは、多くの理由があるからだろうが、これは私の思う韓国のいいところの一つだ。

⮕ -마다(〜ごとに)、이용하다(利用する)、변경(変更)、예전(以前、昔)、비교도 안 되다(比べものにならない)、마음대로(思いのままに、思い通りに)

1

適切な語句を選んで、文章を完成させる問題です。

① 방학이 와서 (〈学校の〉休みが来て)
② 오랫동안 못 만나거나 (長い間、会えなかったり)
③ 밤중에 잠이 깨서 (夜中に目が覚めて)
④ 급한 일이 생기거나 (急用ができたり)

　　正　解　　④ 급한 일이 생기거나

2

AとBに入れるのに適切なものを選ぶ問題です。

① 때만큼 – 올랐다고는 (時ほど—上がったとは)
② 때마다 – 올렸다고는 (たびに、時ごとに—上げたとは)
③ 때만큼 – 올렸다고는 (時ほど—上げたとは)
④ 때마다 – 올랐다고는 (たびに、時ごとに—上がったとは)

正　解　④ 때마다 – 올랐다고는

重要ポイント　「-마다」は「～たびに」「～ごとに」、「-만큼」は「～ほど」。「올렸다」の基本形は「올리다(上げる)」、「올랐다」の基本形は「오르다(上がる)」。

3

下線部のように述べている理由として、最も適切なものを選ぶ問題です。

① 한국에 비하면 일본 교통비가 비싸기 때문에.
（韓国に比べると、日本の交通費が高いため。）
② 길이 많이 복잡하기 때문에.
（道がとても混むため。）
③ 개인택시가 적어서.
（個人タクシーが少ないので。）
④ 교통사고가 너무 많아서.
（交通事故があまりにも多いので。）

正　解　① 한국에 비하면 일본 교통비가 비싸기 때문에.

重要ポイント　本文に「예전에 비하면 교통 요금이 많이 올랐다고는 하지만 일본 교통비하고는 비교도 안 된다.」とあるので、下線部で「큰일이 날 것이다」と言っている理由として適切なのは①。「큰일이 나다」は「大変なことになる」「大事(おおごと)になる」という意味です。

4

本文の内容と一致するものを選ぶ問題です。

① 이 사람에게는 한국에서 마음에 든 점이 없다.
（この人には韓国で気に入っている点はない。）
② 일본은 한국에 비해 교통 위반이 많다.
（日本は韓国に比べ、交通違反が多い。）
③ 한국은 옛날보다 차비가 비싸졌다.
（韓国は昔より交通費が高くなった。）
④ 이 사람은 일본에서는 절대로 택시를 타지 않는다.
（この人は日本では絶対にタクシーに乗らない。）

正　解　③ 한국은 옛날보다 차비가 비싸졌다.

重要ポイント　①は、本文の最後に「이건 내가 생각하는 한국의 좋은 점 중의 하나다」とあるので不正解。②は、本文にはない内容なので不正解。そして、④は最初の部分で「일본에서는 택시를 타는 일은 별로 없었는데」と述べており、「絶対に乗らない」わけではないため不正解。本文に「예전에 비하면 교통 요금이 많이 올랐다고는 하지만」とあるので、正解は③です。

韓 文 和 訳

練習問題

　下線部の表現を文脈に合わせて訳した場合、適切なものを①～④の中から1つ選びなさい。

1) 그런데 그 사람이 <u>뭐래요</u>? 우리 다 같이 가재요?

　① 何か言ってるんですか？
　② 何かしようって言ってましたか？
　③ 何が見えたかって言ってましたか？
　④ 何と言ってるんですか？

2) 주최 측에서 <u>이것부터 먼저 처리하라니</u> 그렇게 할 수밖에 없죠.

　① これからやると言うから
　② これだけまず片付けると言うから
　③ これだけ優先してやれと言うのだから
　④ これから先に処理しろと言うのだから
　※ 주최：主催

3) <u>이제 앞으로 한 시간밖에 안 남았거든요</u>. 이게 마지막 기회예요.

　① もうあと1時間しか残っていないんですよ
　② 昨日、1時間しか外出してないんですよ
　③ これから1時間、外出していないから
　④ これでは1時間にもならないですよ

4) 그때 그렇게 하지 않았으면 <u>큰일 날 뻔했어요</u>.

　① 大事になりました
　② 大変なことになるところでした
　③ 大騒ぎにはなりませんでした
　④ 火事になるところだったんですよ

5) 걔가 또 왔나 봐요.
　　① また来たんですってよ　　② また来たみたいです
　　③ また来たいみたいです　　④ また来るんですってよ

6) 늦을까 봐 택시를 타고 왔어요.
　　① 遅れるそうなので　　② 遅刻したので
　　③ 遅れたと思ったので　　④ 遅れるかと思って

7) 서너 장 종이를 잘랐다.
　　① 紙を切った　　② 髪を切った
　　③ 紙を折った　　④ 髪を結んだ

8) 너무 시끄러워서 전혀 못 잤어요.
　　① 寒すぎて眠れなかったです
　　② 寝過ごしてしまいました
　　③ うるさすぎて全然眠れませんでした
　　④ 眠るのが遅くなってしまいました

9) 아까 보니까 잘 자던데요.
　　① よく寝ました　　② よく眠れなかったそうです
　　③ よく寝ていましたけど　　④ よく眠れなかったです

10) 너무 빨라서 못 알아들었어요.
　　① 調べられませんでした　　② 聞いていませんでした
　　③ 見ても分かりませんでした　　④ 聞き取れませんでした

11) 속이 타서 어떻게 하면 될지 모르겠어요.
　　① 話にならなくて　　② いらいらして
　　③ 気をもんで　　④ 気分がすぐれなくて

解答と解説

　練習問題の答えを、解説とともに見ていきましょう。下線部分の日本語訳を選ぶ問題です。

1

그런데 그 사람이 뭐래요? 우리 다 같이 가재요?

それで、あの人は④何と言ってるんですか？　みんな一緒に行こうですって？

　重要ポイント　「뭐래요?」は「뭐라고 해요?(何と言いますか?)」の縮約形、「가재요?」は「가자고 해요?(行こうと言いますか?)」の縮約形です。引用を表す形における「-고 하」の縮約された形については、P.150～P.155を参考にしてください。

2

주최 측에서 이것부터 먼저 처리하라니 그렇게 할 수밖에 없죠.

主催者側が④これから先に処理しろと言うのだから、そうするしかありませんよ。

　重要ポイント　「처리하라니」は「처리하라고 하니(処理しろと言うのだから)」の縮約形です。「-ㄹ 수밖에 없다」は、「〜するしかない、〜せざるをえない」です。「이것부터」の「부터」は、順序を表す「〜から」です。

3

이제 앞으로 한 시간밖에 안 남았거든요. 이게 마지막 기회예요.

①もうあと1時間しか残っていないんですよ。これが最後の機会です。

　重要ポイント　「앞으로」は「これから、この先」という意味。「남다(残る)」の過去形「남았다」は、「残った」以外に「残っている」ことも表現できます。「-거든요」は「〜なんですよ」。

4

그때 그렇게 하지 않았으면 큰일 날 뻔했어요.

その時そうしなかったら、②大変なことになるところでした。

重要ポイント　「그때 그렇게 하지 않았으면」の日本語訳は、「あの時ああしなかったら」でもOKです。「큰일 나다」は「大変なことになる」。「-ㄹ 뻔했다」は、「(すんでのところで)～するところだった(しかし実際にはそうならなかった)」という意味です。

5

개가 또 왔나 봐요.
あの子が②また来たみたいです。

重要ポイント　「왔나 봐요」は、「오다(来る)」の過去形に「-나 보다(～みたい)」がついた形。「걔」を日本語に訳す時は「あの子」「その子」のどちらでも構いません。

6

늦을까 봐 택시를 타고 왔어요.
④遅れるかと思ってタクシーに乗って来ました。

重要ポイント　「늦을까 봐」は、「늦다(遅れる)」に「-ㄹ까 봐(～かと思って)」がついた形。日本語訳は「遅れるかと思って」となります。

7

서너 장 종이를 잘랐다.
3、4枚、①紙を切った。

重要ポイント　「잘랐다」の基本形は、「자르다(切る)」。「종이를 자르다」で「紙を切る」です。「자르다(切る)」は【르変格活用】の用言なので、「-아/어」で始まる語尾が続くと「잘라」となります。「서너」は「서넛(三つか四つ、3・4)」に接辞・依存名詞がついた時の形です。

8

너무 시끄러워서 전혀 못 잤어요.
③うるさすぎて全然眠れませんでした。

　重要ポイント　「시끄러워서」の基本形は「시끄럽다（うるさい）」。「시끄럽다（うるさい）」は【ㅂ変格活用】の用言なので、「-으」で始まる語尾が続く際には「시끄러우」、「-아/어」で始まる語尾が続く際には「시끄러워」となります。「전혀」は「全然（～ない）」。

9

아까 보니까 잘 자던데요.
さっき見たら、③よく寝ていましたけど。

　重要ポイント　「보니까」は、「보다（見る）」に「-니까（～すると）」がついた形。「자던데」は「자다（寝る）」に「-던데（～ていたけど）」がついた形で、「～ていたけど」という意味になります。

10

너무 빨라서 못 알아들었어요.
あまりにも速くて④聞き取れませんでした。

　重要ポイント　「못 알아들었어요」の基本形は「알아듣다（聞き取る）」に不可能を表す「못」がついた「못 알아듣다」です。「알아듣다」は【ㄷ変格活用】の用言なので、「-아/어」で始まる語尾が続くと「알아들어」、「-으」で始まる語尾が続くと「알아들으」となります。「빨라서」の基本形は「빠르다（速い）」。「빠르다」は【르変格活用】の用言なので、「-아/어」で始まる語尾が続く際には「빨라」となります。

11

속이 타서 어떻게 하면 될지 모르겠어요.
② いらいらして、どうすればいいか分かりません。

重要ポイント　3級の慣用句の知識が問われる問題です。ちなみに、選択肢を韓国語に訳した時の基本形は、①「말도 안되다（話にならない）」、②「속이 타다（いらだつ、いらいらする）」、③「가슴을 조이다（気をもむ）」、④「머리가 무겁다（気分がすぐれない）」」です。

慣用句などを覚える際には、「体の部位を表す単語を含む慣用句」や「感情を表す慣用句」のように、グルーピングして整理するのもいいでしょう。

和文韓訳

練習問題

下線部の訳として適切なものを①〜④の中から1つ選びなさい。

1) その手紙を読もうと読むまいと好きなようにしなさい。

　　① 읽고 말고　　　　　② 읽고 말아도
　　③ 읽는다고 해서　　　④ 읽든지 말든지

2) はんこを押してくれと言った。

　　① 찍어 달라고　　　　② 밀어 달라고
　　③ 찍어 주고 싶다고　　④ 밀어 주시라고

3) 何度も頼んだが断られた。

　　① 부탁 안 했다　　　　② 거절당했다
　　③ 거절했다　　　　　　④ 성공됐다

4) タクシーを拾おうとした時、携帯電話が鳴った。

　　① 택시를 세웠을 때　　　　② 택시를 잡을 뻔했지만
　　③ 택시를 쥐려고 했을 때　　④ 택시를 잡으려고 했을 때

5) 私が今日中に連絡しますから、待っていてください。

　　① 오늘 중에 연락해 달라니까　　② 오늘 안으로 연락하겠다니까
　　③ 오늘 중에 연락하자니까　　　　④ 오늘 안으로 연락할 테니까

6) 知らないふりをしていないで、早く言いなさい。

　　① 잘 모르면서　　　　　② 아는 척하지 말고
　　③ 모르는 척하지 말고　　④ 모르겠다고 하지 말고

7) この石は重さが100キロもあるそうです。

　　① 100킬로나 된다고 합니다　② 100킬로도 된다고 합니다
　　③ 100킬로나 있다고 합니다　④ 100킬로도 있다고 합니다

8) したがって、今は次のように結論づけざるをえない。

　　① 다음과 같이 결론하지 않을 수 없다
　　② 다음과 같이 결론을 내리면 안 된다
　　③ 다음과 같이 결론을 붙일 수는 없다
　　④ 다음과 같이 결론 지을 수밖에 없다

9) 明日一緒に行こうですって。

　　① 가래요　　　　② 갈게요
　　③ 간대요　　　　④ 가재요

解答と解説

練習問題の答えを、解説とともに見ていきましょう。下線部分の韓国語訳を選ぶ問題です。

1

その手紙を読もうと読むまいと好きなようにしなさい。

① 읽고 말고（読もうとも）
② 읽고 말아도（読んでしまっても）
③ 읽는다고 해서（読むからと言って）
④ 읽든지 말든지（読もうと読むまいと）

正　解　④ 읽든지 말든지

重要ポイント　「-든지」は「～(する)か」「～しようと」の意味を持つ慣用表現。「-든지 말든지」で「～しようと～しまいと」の意味となりますので、セットで覚えておきましょう。

2

はんこを押してくれと言った。

① 찍어 달라고（押してくれと）
② 밀어 달라고（押してくれと）
③ 찍어 주고 싶다고（押してあげたいと）
④ 밀어 주시라고（押してさしあげてと）

正　解　① 찍어 달라고

重要ポイント　「はんこを押す」は「도장을 찍다」です。選択肢の②、④にある밀다も「押す」ですが、「力を加えて押す」という場合に用いられます。日本語訳が同じでも、韓国語では使う動詞が異なることがあるので、注意しましょう。

①「찍어 달라고」の「-아/어 달라고」は「～してくれと」。④「밀어 주시라고」の「-아/어 주라고」は「～してやれと」（または「～してくれと」）に尊敬を表す「-(으)시」がついています。

3

何度も頼んだが断られた。

① 부탁 안 했다 (頼まなかった)
② 거절당했다 (断られた)
③ 거절했다 (断った)
④ 성공됐다 (成功した)

正　解　② 거절당했다

重要ポイント　「断られる」は「거절당하다」です。「당하다」は「こうむる」という意味ですが、動作を表す名詞（この場合は「거절（拒絶）」）について「〜される」という受身を表します。

4

タクシーを拾おうとした時、携帯電話が鳴った。

① 택시를 세웠을 때 (タクシーを止めた時)
② 택시를 잡을 뻔했지만 (タクシーを拾うところだったが)
③ 택시를 쥐려고 했을 때 (タクシーをつかもうとした時)
④ 택시를 잡으려고 했을 때 (タクシーを拾おうとした時)

正　解　④ 택시를 잡으려고 했을 때

重要ポイント　「タクシーを拾う」は「택시를 잡다」(直訳すると「タクシーを捕まえる」)。①の基本形は「택시를 세우다」(タクシーを止める)です。

5

私が今日中に連絡しますから、待っていてください。

① 오늘 중에 연락해 달라니까 (今日中に連絡してほしいそうなので)
② 오늘 안으로 연락하겠다니까 (今日中に連絡すると言うから)
③ 오늘 중에 연락하자니까 (今日中に連絡しようと言うから)
④ 오늘 안으로 연락할 테니까 (今日中に連絡しますから)

正　解　　④ 오늘 안으로 연락할 테니까

　重要ポイント　　④「연락할 테니까」の「-ㄹ 테니까」は「～(するつもり)だから」。①「연락해 달라니까」は「연락해 달라고 하니까」の縮約形。また、「-아/어 달라고」は「～してくれと」。②「연락하겠다니까」は「연락하겠다고 하니까」の縮約形。③「연락하자니까」は「연락하자고 하니까」の縮約形です。このような引用を表す形における「-고 하」の縮約形については、P.150～P.155を参考にしてください。

6

知らないふりをしていないで、早く言いなさい。

① 잘 모르면서 (よく知らないのに)
② 아는 척하지 말고 (知ったかぶりしていないで)
③ 모르는 척하지 말고 (知らないふりをしていないで)
④ 모르겠다고 하지 말고 (知らないと言わないで)

　　正　解　　③ 모르는 척하지 말고

　重要ポイント　　①の「-면서」は「～のに」「～でありながら」です。「-면서」は「～しながら」以外にも、選択肢に出てきたような意味もあるので、もし知らなかった場合にはこれを機会に覚えてしまいましょう。②の「-ㄴ 척하다」は「～ふりをする」という意味。また、「-지 말고」は「～しないで」「～せずに」です。

7

この石は重さが100キロもあるそうです。

① 100킬로나 된다고 합니다 (100キロもあるそうです)
② 100킬로도 된다고 합니다 (100キロもまたあるそうです)
③ 100킬로나 있다고 합니다 (100キロもあるそうです)
④ 100킬로도 있다고 합니다 (100キロもまたあるそうです)

　　正　解　　① 100킬로나 된다고 합니다

　重要ポイント　　「100キロも」のように、数量を表す言葉について驚きを表す日本語の「～も」にあたる韓国語の助詞は「-(이)나」です。日本語の「～も」にあたる助詞には「-도」がありますが、これは「～も(また)」を意味しますので、こ

こでは不適切ということになります。よって、②、④は不正解。また、重さや距離がこれほど「ある」というときには「되다」を用いますので、日本語につられて「있다」としないように注意しましょう。したがって、③も不正解となります。

8

したがって、今は次のように結論づけざるをえない。

① 다음과 같이 결론하지 않을 수 없다 (次のように結論しないことはできない)
② 다음과 같이 결론을 내리면 안 된다 (次のように結論を下してはならない)
③ 다음과 같이 결론을 붙일 수는 없다 (次のように結論をつけることはできない)
④ 다음과 같이 결론 지을 수밖에 없다 (次のように結論づけざるをえない)

正　解　④ 다음과 같이 결론 지을 수밖에 없다

重要ポイント　「結論づける」は「결론을 짓다」。「짓다」は【ㅅ変格活用】の用言なので、「-으」で始まる語尾が続く際には「지으」、「-아/어」で始まる語尾が続く際には「지어」となります。①の「결론하다」は、「結論する」となってしまうため、文として成り立ちません。また、③の「결론을 붙이다」は、物理的に「結論」というものを「くっつける」「貼り付ける」という意味になってしまうため、文として不成立。なお、②の「결론을 내리다」は「結論を下す」です。

9

明日一緒に行こうですって。

① 가래요 (行けですって)
② 갈게요 (行きますよ)
③ 간대요 (行くんですって)
④ 가재요 (行こうですって)

正　解　④ 가재요

重要ポイント　正解④の「가재요」は「가자고 해요」の縮約形です。②の「-ㄹ게요」は「～しますからね」「～しますよ」。③の「간대요」は「간다고 해요」の縮約形です。このような引用を表す形における「-고 하」の縮約された形については、P.150～P.155を参考にしてください。

聞 取 問 題

練習問題 ❶ CD1 3〜CD1 13

短い文を2回読みます。その文を正しく表記したものを①〜④の中から1つ選んでください(空欄はメモする場合にお使いください)。

1) (　　　　　　　　　　　　).
   ① 멋있는 한자가 있으면 말씀하세요
   ② 못 입는 환자가 있으면 말씀하세요
   ③ 못 읽는 한자가 있으면 말씀하세요
   ④ 못 읽는 환자가 있으면 말씀하세요

2) (　　　　　　　　)?
   ① 못 알아들으셨나요
   ② 못 따라오셨나요
   ③ 뭘 타고 오셨나요
   ④ 뭘 알아들으셨나요

3) (　　　　　　　　　　　).
   ① 하루종일 책임만 지고 있었대요
   ② 하루종일 책만 보고 있었어요
   ③ 하루종일 창만 보고 있었대요
   ④ 하루종일 책만 보고 있었대요

4) (　　　　　　　　　　　　).
   ① 이런 잠옷 같은 옷은 못 입겠어요
   ② 이런 잠옷 같은 것은 못 입겠어요
   ③ 이런 잘못 같은 것은 못 하겠어요
   ④ 이런 잘못 같은 말은 못 하겠어요

5) (　　　　　　　　　　　　　).
　① 그런 일이 있을 이유가 없는데요
　② 그런 일이 있을 리가 없는데요
　③ 그런 일이 있을 리가 없던데요
　④ 그런 일이 있을 이유가 없던데요

6) (　　　　　　　　　　　　　)?
　① 부모님은 지금 몇 학년이신가요
　② 누님은 지금 못 하시는가요
　③ 부모님은 지금 못 하시는가요
　④ 누님은 지금 몇 학년이신가요

7) (　　　　　　　　　　　　　).
　① 일본어보다 영어를 더 잘하시는군요
　② 일본말보다 영어를 더 잘하시는군요
　③ 일본어보다 영어를 더 잘하시네요
　④ 일본말보다 영어를 더 잘하시네요

8) (　　　　　　　　　　　　　).
　① 입원한 지 사 개월이 되었대요
　② 입원한 지 삼 개월이 되었어요
　③ 이번엔 한 사 개월이 되었어요
　④ 이번엔 한 삼 개월이 되었대요

9) (　　　　　　　　　　　　　).
　① 반만 먹지 말고 반찬도 먹어야죠
　② 밥만 먹지 말고 반찬도 먹어야죠
　③ 반만 먹지 말고 반찬도 먹어야 돼요
　④ 빵만 먹지 말고 반찬도 먹어야 돼요

10) (　　　　　　　　　　　　　　　　　　　).
　① 갑자기 일어난 일이었기 때문에 어떻게 해야 좋을지 몰랐대요
　② 갑자기 일어난 일이었기 때문에 어떻게 해야 좋을지 몰랐다
　③ 갑자기 일어난 일이었기 때문에 어떻게 해야 할지 몰랐다
　④ 갑자기 일어난 일이었기 때문에 어떻게 해야 될지 몰랐다

解答と解説

ここからは、聞取問題をパターン別に攻略していきましょう。まず最初は、読み上げられた文を正しく表記したものを選ぶ問題です。

1

問題文 못 읽는 한자가 있으면 말씀하세요.
読めない漢字があったら、おっしゃってください。

① 멋있는 한자가 있으면 말씀하세요
（かっこいい漢字があったら、おっしゃってください）
② 못 입는 환자가 있으면 말씀하세요
（着ることができない患者がいたら、おっしゃってください）
③ 못 읽는 한자가 있으면 말씀하세요
（読めない漢字があったら、おっしゃってください）
④ 못 읽는 환자가 있으면 말씀하세요
（読めない患者がいたら、おっしゃってください）

正　解　③ 못 읽는 한자가 있으면 말씀하세요

重要ポイント　「한자（漢字）」の発音は［한짜］です。また、「못 읽는（読めない）」の発音は［몬닝는］となります。

「못 읽는（読めない）」の発音を詳しく見ていきましょう。ポイントは「ㄴ挿入」にあります（P.125参照）。「ㄴ挿入」とは、合成語、あるいは2つの単語が続く場合に、後ろの単語が「이、야、애、여、예、요、유」で始まるものである時、その「이、야、애、여、예、요、유」の直前に発音上「ㄴ(n)」が挿入される現象です。したがって、「못」（発音は［몯］）と「읽는」の間で「ㄴ挿入」が起こり、さらに「ㄴ挿入」の影響を受けて鼻音化して、「못」の発音が［몯］ ➡［몬］となります。さらに、「읽는」の部分でも鼻音化が起きるので、全体の発音としては［몬닝는］となります。

なお、「못 읽는」の部分は、［모딩는］と発音される可能性もあります。不可能を表す「못」に「읽다（読む）」という単語が続いている形なので、「못」を単独で発音した場合の音である［몯］と、「읽다」の「이」の間で連音化が起こり、［모디］となるのです。

2

問題文 못 알아들으셨나요?
聞き取れませんでしたか？

① 못 알아들으셨나요? (聞き取れませんでしたか？)
② 못 따라오셨나요? (ついて来れませんでしたか？)
③ 뭘 타고 오셨나요? (何に乗って来られたんですか？)
④ 뭘 알아들으셨나요? (何を聞き取られたんですか？)

正　解　① 못 알아들으셨나요?

重要ポイント　読み上げ文は、[모다라드르셔나요]と発音されます。不可能を表す「못」に「알아듣다(聞き取る)」という単語が続いているため、「못」の「単独で発音した場合の音」である[몯]と「알아듣다」の「아」で連音化が起こり、[모다]と発音されます。

3

問題文 하루종일 책만 보고 있었대요.
一日中、本ばかり見ていたそうです。

① 하루종일 책임만 지고 있었대요 (一日中、責任ばかりとっていたそうです)
② 하루종일 책만 보고 있었어요 (一日中、本ばかり見ていました)
③ 하루종일 창만 보고 있었대요 (一日中、窓ばかり見ていたそうです)
④ 하루종일 책만 보고 있었대요 (一日中、本ばかり見ていたそうです)

正　解　④ 하루종일 책만 보고 있었대요

重要ポイント　「책만 (本だけ、本ばかり)」は[챙만]と発音されます。「책」のㄱと「만」のㅁの間で鼻音化が起こり、「ㄱ+ㅁ ➡ ㅇ+ㅁ」となります。

4

問題文 이런 잠옷 같은 옷은 못 입겠어요.
こんな寝巻きみたいな服は着られません。

① 이런 잠옷 같은 옷은 못 입겠어요
  (こんな寝巻きみたいな服は着られません)
② 이런 잠옷 같은 것은 못 입겠어요
  (こんな寝巻きみたいなものは着られません)
③ 이런 잘못 같은 것은 못 하겠어요
  (こんな間違いみたいなことはできません)
④ 이런 잘못 같은 말은 못 하겠어요
  (こんな間違いみたいな言葉は言えません)

正　解　① 이런 잠옷 같은 옷은 못 입겠어요

重要ポイント　「잠옷 같은 옷은」は、区切りごとに発音すると、[자몯][가튼][오슨]。全体を続けて発音すると、[자몯까트노슨]となります。「못 입겠어요」の部分では、「못」と「입」の間で「ㄴ挿入」が起こり、さらに「ㄴ挿入」の影響を受けて鼻音化が起こって[몬닙께써요]という発音になります。

5

問題文　그런 일이 있을 리가 없는데요.
そんなことがあるはずがないのですが。

① 그런 일이 있을 이유가 없는데요
  (そんなことがある理由がないのですが)
② 그런 일이 있을 리가 없는데요
  (そんなことがあるはずがないのですが)
③ 그런 일이 있을 리가 없던데요
  (そんなことがあるはずがなかったのですが)
④ 그런 일이 있을 이유가 없던데요
  (そんなことがある理由がなかったのですが)

正　解　② 그런 일이 있을 리가 없는데요

重要ポイント　「그런 일이 있을 리가 없는데요」の発音は、[그런니리][이쓸리가][엄는데요]となります。

6

問題文 누님은 지금 몇 학년이신가요?
お姉様は今、何年生でいらっしゃいますか？

① 부모님은 지금 몇 학년이신가요
（ご両親は今、何年生でいらっしゃいますか）
② 누님은 지금 못 하시는가요
（お姉様は今、おできにならないんですか）
③ 부모님은 지금 못 하시는가요
（ご両親は今、おできにならないんですか）
④ 누님은 지금 몇 학년이신가요
（お姉様は今、何年生でいらっしゃいますか）

正　解　④ 누님은 지금 몇 학년이신가요?

重要ポイント　「몇 학년(何年生)」の発音は [며탕년] です。「몇」(発音は [면]) のㄷと「학년」のㅎの間で激音化が起こり、「ㄷ+ㅎ ➡ ㅌ」となります。さらに、「학년」のㄱとㄴの間で鼻音化が起こり、「ㄱ+ㄴ ➡ ㅇ+ㄴ」となります。発音規則そのものは初級で学ぶレベルのものですが、実際に聞いた音から正しく文字に再現するのは意外に難しいため、ある程度の学習が必要となります。

7

問題文 일본말보다 영어를 더 잘하시는군요.
日本語より英語がもっとお上手なんですね。

① 일본어보다 영어를 더 잘하시는군요
（日本語より英語がもっとお上手なんですね）
② 일본말보다 영어를 더 잘하시는군요
（日本語より英語がもっとお上手なんですね）
③ 일본어보다 영어를 더 잘하시네요
（日本語より英語がもっとお上手ですね）
④ 일본말보다 영어를 더 잘하시네요
（日本語より英語がもっとお上手ですね）

| 正　　解 | ② 일본말보다 영어를 더 잘하시는군요

重要ポイント　「잘하시는군요」は、「잘하다」のㅎがほとんど発音されず、[자라시는구뇨]と発音されます。

8

問題文 입원한 지 사 개월이 되었대요.
入院してから4カ月になるそうです。

---

① 입원한 지 사 개월이 되었대요（入院してから4カ月になるそうです）
② 입원한 지 삼 개월이 되었어요（入院してから3カ月になりました）
③ 이번엔 한 사 개월이 되었어요（今回は、だいたい4カ月になりました）
④ 이번엔 한 삼 개월이 되었대요（今回は、だいたい3カ月になるそうです）

| 正　　解 | ① 입원한 지 사 개월이 되었대요

重要ポイント　「입원한 지」は[이붠난지]と発音します。漢字語数詞の「삼（3）」と「사（4）」は、聞き取る際に間違える人が多いので、注意しましょう。読み上げ文の文末「되었대요」は、選択肢にある「되었어요」とほんの1文字違うだけ。音声を最後までしっかりと聞くことが大切です。

9

問題文 밥만 먹지 말고 반찬도 먹어야죠.
ご飯ばかり食べないで、おかずも食べなくては。

---

① 반만 먹지 말고 반찬도 먹어야죠
　（半分だけ食べないで、おかずも食べなくては）
② 밥만 먹지 말고 반찬도 먹어야죠
　（ご飯ばかり食べないで、おかずも食べなくては）
③ 반만 먹지 말고 반찬도 먹어야 돼요
　（半分だけ食べないで、おかずも食べなければいけません）
④ 빵만 먹지 말고 반찬도 먹어야 돼요
　（パンばかり食べないで、おかずも食べなければいけません）

| 正　　解 | ② 밥만 먹지 말고 반찬도 먹어야죠

重要ポイント　「밥만」の部分は、「밥」のㅂと「만」のㅁの間で鼻音化が起こり、「ㅂ+ㅁ ➡ ㅁ+ㅁ」となるため、[밤만]と発音されます。選択肢①と③の[반만]、④は[빵만]となりますので、しっかり聞き分けられるようにしたいですね。

10

問題文　갑자기 일어난 일이었기 때문에 어떻게 해야 좋을지 몰랐다.
突然起こったことだったので、どうしたらいいのか分からなかった。

---

① 갑자기 일어난 일이었기 때문에 어떻게 해야 좋을지 몰랐대요
　（突然起こったことだったので、どうしたらいいのか分からなかったんだそうです）
② 갑자기 일어난 일이었기 때문에 어떻게 해야 좋을지 몰랐다
　（突然起こったことだったので、どうしたらいいのか分からなかった）
③ 갑자기 일어난 일이었기 때문에 어떻게 해야 할지 몰랐다
　（突然起こったことだったので、どうしなければならないのか分からなかった）
④ 갑자기 일어난 일이었기 때문에 어떻게 해야 될지 몰랐다
　（突然起こったことだったので、どうしなければならないのか分からなかった）

正　解　② 갑자기 일어난 일이었기 때문에 어떻게 해야 좋을지 몰랐다

重要ポイント　前半部分は同じフレーズが続きます。少しの違いで文意が大きく変わるため、最後の1文字まで集中力を切らさずに聞くようにしましょう。

練習問題 ❷ CD1 14 〜 CD1 25

　短い文と選択肢を2回ずつ読みます。文の内容に合うものを①〜④の中から1つ選んでください（空欄はメモする場合にお使いください）。

1) ....
　　　① .... ② .... ③ .... ④ ....

2) ....
　　　① .... ② .... ③ .... ④ ....

3) ....
　　　① .... ② .... ③ .... ④ ....

4) ....
　　　① .... ② .... ③ .... ④ ....

5) ....
　　　① .... ② .... ③ .... ④ ....

6) _____

   ① _____ ② _____ ③ _____ ④ _____

7) _____

   ① _____ ② _____ ③ _____ ④ _____

8) _____

   ① _____ ② _____ ③ _____ ④ _____

9) _____

   ① _____ ② _____ ③ _____ ④ _____

10) _____

   ① _____ ② _____ ③ _____ ④ _____

11) _____

   ① _____ ② _____ ③ _____ ④ _____

解答と解説

　読み上げられた短い文の内容に合うものを選ぶ問題で、総合的な聞き取り能力が問われます。答えは名詞であることが多いので、それと関連する動詞などのキーワードを聞き取れるかが正解を導くためのポイントとなります。

1

이것을 피우면 기분이 좋아진다는 말도 있지만 건강에는 좋지 않습니다.
これを吸うと気分がよくなるという言葉もありますが、健康にはよくありません。

① 꽃（花）　　　　　　② 술（お酒）
③ 화장（化粧）　　　　 ④ 담배（タバコ）

　　　正　　解　　　 ④ 담배

➲ 피우다（吸う）、건강（健康）

2

이 기계가 자동으로 빨래를 빨아 줍니다.
この機械が、自動で洗濯物を洗ってくれます。

① 세탁기（洗濯機）　　　② 냉장고（冷蔵庫）
③ 빨래（洗濯物、洗濯）　 ④ 전기（電気）

　　　正　　解　　　 ① 세탁기

➲ 기계（機械）、자동（自動）、빨래（洗濯物、洗濯）、빨다（洗う）

3

매일 아침에 배달되는 것이고 뉴스 등을 읽을 수 있습니다.
毎朝配達されるもので、ニュースなどを読むことができます。

① 반찬（おかず）　　　　② 청소기（掃除機）
③ 휴지（ちり紙）　　　　④ 신문（新聞）

　　　正　　解　　　 ④ 신문

➲ 매일 아침（毎朝）、배달（配達）

4

가족을 다른 말로 표현하려면 이렇게 됩니다.
家族をほかの言葉で表現すると、このようになります。

① 사촌 (いとこ)　　② 이모 (おば〈母の姉妹〉)
③ 식구 (家族)　　　④ 고모 (おば〈父の姉妹〉)

　　正　解　　③ 식구

5

학교 수업중에 운동을 하는 시간입니다.
学校の授業中に、運動をする時間です。

① 선수 (選手)　　② 예술 (芸術)
③ 축구 (サッカー)　④ 체육 (体育)

　　正　解　　④ 체육

➲ 수업 (授業)、운동 (運動)

6

이게 없으면 숨을 못 쉽니다.
これがないと、息ができません。

① 감기 (風邪)　　② 공기 (空気)
③ 태양 (太陽)　　④ 하늘 (空)

　　正　解　　② 공기

➲ 숨을 쉬다 (息をする、呼吸する)

7

가지고 다닐 수 있는 전화기입니다.
持ち歩くことができる電話です。

① 핸드폰 (携帯電話)　　② 연락 (連絡)
③ 피시방 (インターネットカフェ)　　④ 인터넷 (インターネット)

正　解　① 핸드폰

➲ 가지고 다니다 (持ち歩く)、전화기 (電話機、電話)

8

올해의 일 년 전입니다.
今年の1年前です。

① 내년 (来年)　　② 새해 (新年)
③ 옛날 (昔)　　④ 작년 (昨年)

正　解　④ 작년

9

여기로 들어갈 수 있습니다.
ここから入ることができます。

① 입학 (入学)　　② 합격 (合格)
③ 입구 (入口)　　④ 회장 (会場)

正　解　③ 입구

10

오래된 것을 나타내는 말입니다.
古いものを表す言葉です。

① 낡다 (古い)　　② 새롭다 (新しい)
③ 굵다 (太い)　　④ 붉다 (赤い)

正　解　① 낡다

➲ 오래되다 (古い、長く時間が経っている)

11

귀가 길고 잘 뛰는 동물입니다.
耳が長くて、よく跳ねる動物です。

① 고양이(ネコ)　　　② 원숭이(サル)
③ 호랑이(トラ)　　　④ 토끼(ウサギ)

　　正　解　④ 토끼

➲ 길다(長い)、뛰다(走る、跳ねる)

練習問題 ❸ CD1 26 〜 CD1 36

　短い文を2回読みます。引き続き4つの選択肢も2回ずつ読みます。応答文として適切なものを①〜④の中から1つ選んでください（空欄はメモする場合にお使いください）。

1) _____
　　① _____　② _____
　　③ _____　④ _____

2) _____
　　① _____　② _____
　　③ _____　④ _____

3) _____
　　① _____　② _____
　　③ _____　④ _____

4) _____
　　① _____　② _____
　　③ _____　④ _____

5) _____
　　① _____　② _____
　　③ _____　④ _____

6)
① ②
③ ④

7)
① ②
③ ④

8)
① ②
③ ④

9)
① ②
③ ④

10)
① ②
③ ④

解答と解説

問いかけ文の応答文として適切な文を選ぶ問題です。問いかけ文も応答文も音声で読み上げられます。意味を把握しつつ、聞こえた部分からどんどんメモしていくことが大切です。ハングルでもカタカナでも構いません。音声を聞き終わった後に、それらを分析して正解を導きましょう。

1

問題文 어떻게 오셨어요?
どのようなご用件ですか?

① 이 회장님을 찾아왔는데요. (李会長に会いに来たんですが。)
② 전철을 놓쳤어요. (電車を逃しました。)
③ 그 공연을 예매했어요. (その公演の前売りを買いました。)
④ 지하철을 타고 왔대요. (地下鉄に乗って来たそうです。)

正　解 ① 이 회장님을 찾아왔는데요.

重要ポイント 「어떻게 오셨어요?」の発音は[어떠케 오셔써요]。直訳では「どのように来られたのですか?」となりますが、このフレーズは、来客などがあった際に「どのようなご用件ですか?」「(今日は)どうされたのですか?」のように、相手の来た理由や目的を尋ねる時に使います。したがって、正解は①。

➲ 놓쳤어요(基本形：놓치다　意味：逃す、失う)、예매(意味：前もって買うこと、前売り)

2

問題文 혼자 밥해 먹어요?
自炊しているんですか?

① 죄송하지만 못 먹어요. (申し訳ありませんが、食べることができません。)
② 네. 전 요리 잘하거든요. (はい。私、料理がうまいんですよ。)
③ 밥맛이 없어서요. (食欲がありませんので。)
④ 나가서 먹재요. (外で食べようですって。)

正　解 ② 네. 전 요리 잘하거든요.

重要ポイント　問いかけ文の「밥해 먹어요?」の部分で激音化が起こり、[바패 머거요]と発音されます。選択肢はすべて食べることに関連しているので、答えに迷うかもしれません。2回目の読み上げをよく聞いて、確認するようにしましょう。

➲ 혼자 밥하다（自炊する。「밥하다」は「料理を作る」「ごはんを炊く」の意味）、밥맛（食欲、ごはんの味）

3

問題文 왜 심하게 말을 했어요?
どうしてきつく言ったんですか?

① 궁금한 일이 있었어요.（気になることがありました。）
② 심각하게 생각하잖아요.（深刻に考えるじゃないですか。）
③ 복잡한 거 같아요.（複雑なようです。）
④ 너무 답답해서요.（とてももどかしくて。）

正　解　④ 너무 답답해서요.

重要ポイント　「심하게」は、ㅎがほとんど発音されず、[시마게]と発音されます。

➲ 심하다（ひどい、激しい）、궁금하다（気がかりだ、心配で落ち着かない）、심각하다（深刻だ）、복잡하다（複雑だ）、답답하다（もどかしい、重苦しい）

4

問題文 수업 중에 졸았다면서요?
授業中に居眠りしたそうですね。

① 어제 잠을 못 잤거든요.（昨日、眠れなかったんですよ。）
② 양이 많이 줄었어요.（量がかなり減りました。）
③ 너무 피곤해 보이네요.（とても疲れてみえますね。）
④ 밤낮 가리지 않고 일할 거예요.（昼夜を問わず働くつもりです。）

正　解　① 어제 잠을 못 잤거든요.

重要ポイント　「수업 중에 졸았다」の発音は、[수업쭝에 조랃따]です。

➲ 졸다（居眠りする）

97

5

問題文 도시락은 누가 쌌어요?
お弁当は誰が作ったんですか?

① 제가 사러 갈까요? (私が買いに行きましょうか?)
② 점심은 제가 살게요. (昼食は私がおごります。)
③ 구워서 드시면 더 맛있을 거예요. (焼いて食べたら、もっとおいしいでしょう。)
④ 매일 아내가 만들어 줘요. (毎日妻が作ってくれます。)

正解 ④ 매일 아내가 만들어 줘요.

重要ポイント 「도시락을 싸다」は、直訳すると「弁当を包む」ですが、「弁当を作る」「弁当を用意する」という意味になります。

⇒ 도시락(弁当)、싸다(包む)

6

問題文 차는 어디다 세웠어요?
車はどこに止めましたか?

① 은행 건너편에요. (銀行の向かい側にです。)
② 고장이 나서 큰일이래요. (故障して大変だそうです。)
③ 말도 안 되는 소리예요. (とんでもない話です。)
④ 침대에 누워 있어요. (ベッドに横になっています。)

正解 ① 은행 건너편에요.

重要ポイント 「차」は「車」、「어디다」は「어디(どこ)」に助詞の「-다(가)」(〜に)がついた形で「どこに」。「세웠어요」の基本形は「세우다」。「차를 세우다」で「車を止める」という意味になります。これらの単語をきちんと聞き取れれば、応答文の中から「車」と「場所」に関係するものを選べるでしょう。

⇒ 세우다(〈車を〉止める、立てる)

7

問題文 이 색은 어떠세요?
この色はいかがですか?

① 이 책은 마음에 안 들어요. (この本は気に入りません。)
② 별로예요. (いまいちです。)
③ 많이 보고 싶어해요. (とても会いたがっています。)
④ 새로 산 거예요. (新しく買ったものです。)

正　解　② 별로예요.

重要ポイント　問いかけ文で起こる発音変化は「색은(色は)」の部分が[새근]と発音される1カ所のみです。応答文①は、「책은(本は)」(発音は[채근])の部分が「색은(色は)」であれば応答文として成立しますが、ここでは「책은」となっているため、正解とはなりません。選択肢が部分的に応答文として適切であっても、あわてず文全体の意味を把握する必要があります。

8

問題文 뭘 시켰어요?
何を注文しましたか?

① 쓴맛이 나요. (苦い味がします。)
② 떡볶이 사 먹을게요. (トッポッキを買って食べますね。)
③ 갈비탕하고 김밥 둘요. (カルビタンとのり巻き2つです。)
④ 냄비가 없어서요. (鍋がないので。)

正　解　③ 갈비탕하고 김밥 둘요.

重要ポイント　「시키다」には、「〜させる」という意味のほかに、「注文する」という意味があります。いずれも『トウミ』改訂版の語彙リストでは5級レベルとなっています。語彙リストは、3級のものだけではなく、5級や4級のものも見直しておくとよいですね。

⇒ 시키다(注文する)、냄비(鍋)

9

問題文 주말에는 어디 가세요?
週末にはどこに行かれますか?

① 결혼식엔 못 가거든요. (結婚式には行けないんですよ。)
② 한 시간에 5000원이래요. (1時間で5,000ウォンだそうです。)
③ 수업이 없는 날이에요. (授業がない日です。)
④ 시골에 내려갈 거예요. (田舎に帰るつもりです。)

正　解　④ 시골에 내려갈 거예요.

重要ポイント　問いかけ文が「어디(どこ)」と、場所に対して質問している点を正確に把握することが最初のポイントになります。場所に関して述べているのは、応答文の選択肢の中で④のみなので、これが正解です。選択肢①も行き先について述べていますが、問いかけ文と内容がかみ合っていません。そのため①は不正解となります。

➲ 주말(週末)、시골(田舎)

10

問題文 피곤해 보이네요.
疲れてみえますね。

① 고생이 많으셨어요. (ご苦労さまでした。)
② 요즘 고민이 많아서요. (最近、悩みが多くて。)
③ 걱정이 없는 사람이에요. (心配がない人です。)
④ 일하는 게 즐거워서요. (働くのが楽しくて。)

正　解　② 요즘 고민이 많아서요.

重要ポイント　「피곤해」は、ㅎがほとんど発音されないので、[피고내]と発音されます。

➲ 피곤하다(疲れる)、고생(苦労)、고민(悩み)

練習問題 ❹ CD1 37〜CD1 47

文を聞いて、その一部分の日本語訳として適切なものを①〜④の中から1つ選んでください（空欄はメモする場合にお使いください）。

1) ＿＿＿＿＿＿＿＿＿＿＿＿＿＿＿＿＿＿＿＿＿＿＿＿＿＿＿＿＿＿＿＿

　①毎日、日中の気温は　　　②明日の夜の気温は
　③明日の日中の気温は　　　④毎日、夜の気温は

2) ＿＿＿＿＿＿＿＿＿＿＿＿＿＿＿＿＿＿＿＿＿＿＿＿＿＿＿＿＿＿＿＿

　①練習をたくさんしてください。　②一度連絡してみてください。
　③一度練習してみてください。　　④演劇を一度してみてください。

3) ＿＿＿＿＿＿＿＿＿＿＿＿＿＿＿＿＿＿＿＿＿＿＿＿＿＿＿＿＿＿＿＿

　①見ても分かりませんでした。　②言い当てられませんでした。
　③見られませんでした。　　　　④聞き取れませんでした。

4) ＿＿＿＿＿＿＿＿＿＿＿＿＿＿＿＿＿＿＿＿＿＿＿＿＿＿＿＿＿＿＿＿

　①最初に召し上がられましたか？　②一番気に入られましたか？
　③一番おいしかったですか？　　　④最も胸が痛みましたか？

5) ＿＿＿＿＿＿＿＿＿＿＿＿＿＿＿＿＿＿＿＿＿＿＿＿＿＿＿＿＿＿＿＿

　①本屋に行かないで　　　　　　②持って行ってはだめだから
　③ランドセルを持っていかないで　④本ばかり見ていないで

6) ──
　　① ことはあるはずがない　　　② 仕事はやれたはずがない
　　③ 仕事は出来ない　　　　　　④ ことは不可能だ

7) ──
　　① 舞台の説明がお上手なんですね　② 文化についてよくご存じなんですね
　　③ 問題についてよくご存じなんですね　④ 文化の説明がお上手なんですね

8) ──
　　① マイクを置いて話し続けた。　　② マイクを渡してすぐに話しはじめた。
　　③ マイクを使わずに話し続けた。　④ マイクを受け取るとすぐに話しはじめた。

9) ──
　　① 何階にありますか？　　　　② 何階にあるかですって？
　　③ 何階にあるんですって？　　④ 何階にあったんですか？

10) ──
　　① お土産は誰のですか？　　　② 音は何の音ですか？
　　③ お米はどこで作ったのですか？　④ お酒は何で作ったのですか？

解答と解説

　文を聞いて、その一部分の日本語訳として適切なものを選ぶ問題です。選択肢の日本語訳は表示されているので、音声が流れる前に必ず選択肢をチェックしましょう。日本語訳が異なる部分に注意して聞き、聞き取った文全体の意味と照らし合わせて、選択肢を選びます。余裕があれば、聞き取った問題文をすべて書いておくとよいでしょう。

1

問題文 내일 낮 기온은 30도까지 올라가겠습니다.
明日の日中の気温は、30度まで上がります。　　**正解** ③

重要ポイント　「내일 낮 기온은」は、続けて発音すると［내일랃끼오는］となります。「내일」のㄹと、「낮」のㄴの間で流音化が起こり、ㄹ＋ㄴ ➡ ㄹ＋ㄹと発音されます。「내일 낮」自体は文字で見るとそう難易度は高くありませんが、［내일란］という発音から「내일 낮」を導き出せるかがポイントになります。

➲ 낮（昼、日中）、기온（気温）、올라가다（上がる）

2

問題文 학교 가기 전에 연습 한번 해 보세요.
学校に行く前に、一度練習してみてください。　　**正解** ③

重要ポイント　「연습 한번」は、続けて発音すると［연스판번］となります。연습のㅂと、한번のㅎの間で激音化が起こり、ㅂ＋ㅎ ➡ ㅍとなります。

➲ 연습（練習）、한번（一度）

3

問題文 오랜만이라서 못 알아봤어요.
久しぶりなので、見ても分かりませんでした。　　**正解** ①

重要ポイント　「못 알아봤어요」は、続けて発音すると［모다라봐써요］となります。不可能を表す「못」に「알아보다（見分ける）」という単語が続いているため、

103

「못」の「単独で発音した場合の音」である[몯]と「알아보다」の「아」で連音化が起こり、[모다]と発音されます。

⮕ 알아보다（見分ける）

4

問題文 뭐가 제일 마음에 드셨나요?
何が一番気に入られましたか？

正解 ②

重要ポイント 「마음에 드셨나요?」は、[마으메 드션나요]と発音されます。「마음에 들다（気に入る）」の「들다」に尊敬を表す「-시」がつき、語幹の ㄹ が脱落しているために「드셨나요」となっています。

⮕ 제일（一番）、마음에 들다（気に入る）

5

問題文 책만 보고 있지 말고 가끔은 밖에 나가요.
本ばかり見ていないで、たまには外に出ましょう。

正解 ④

重要ポイント 「책만」は[챙만]と発音されます。「책」の ㄱ と「만」の ㅁ の間で鼻音化が起こり、ㄱ + ㅁ ➡ ㅇ + ㅁ と変化しています。

⮕ 지 말다（～しない）

6

問題文 그런 일은 있을 리가 없다.
そんなことはあるはずがない。

正解 ①

重要ポイント 「일은 있을 리가 없다」は[이른 이쓸 리가 업따]と発音されます。

⮕ -ㄹ 리가 없다（～はずがない）

7

問題文 한국 문화에 대해서 잘 아시는군요.
韓国の文化についてよくご存じなんですね。

正解 ②

重要ポイント 「한국 문화」は [한궁무놔]と発音されます。「한국」の終声のㄱと、「문화」の初声のㅁの間で鼻音化が起こってㄱ+ㅁ ➡ ㅇ+ㅁとなり、さらに「문화」のㅎがほとんど発音されないため、[무놔]となっています。

8

問題文 교장 선생님은 마이크를 넘겨 받자 말하기 시작했다.
校長先生は、マイクを受け取るとすぐに話し始めた。

正解 ④

重要ポイント 「받자 말하기 시작했다(受け取るとすぐに話し始めた)」は、[받짜 마라기 시자캐따(または 시자캗따)]と発音されます。

➲ 교장(校長)、마이크(マイク)、넘기다(渡す)、-자(～するとすぐに)

9

問題文 사무실은 몇 층에 있대요?
事務室は何階にあるんですって？

正解 ③

重要ポイント 「있대요」は、「있다고 해요」の縮約形です。引用形における「-고 하」の縮約についてはP.150～P.155を参照してください。

➲ 사무실(事務室、オフィス)

10

問題文 이 술은 뭘로 만든 건가요?
このお酒は何で作ったのですか？

正解 ④

重要ポイント 選択肢の中で「술(お酒)」が入っているのは④だけなので、「술은(お酒は)」の部分が聞き取れていれば正解が導き出せるはずです。ちなみに、

「お土産」は「선물」、「音」は「소리」、「お米」は「쌀」です。

➲ 로([材料を表す]〜で)

練習問題 ❺ CD1 48 〜 CD1 58

①〜④の選択肢を2回ずつ読みます。下線部の訳として適切なものを1つ選んでください（空欄はメモする場合にお使いください）。

1) 50ページを開いてみてください。

　　① _____　　② _____
　　③ _____　　④ _____

2) もう少しで居眠りするところだった。

　　① _____　　② _____
　　③ _____　　④ _____

3) 明日は皆さん来られないそうです。

　　① _____　　② _____
　　③ _____　　④ _____

4) その時、とても怖くなったみたいです。

　　① _____　　② _____
　　③ _____　　④ _____

5) 指示されたことなので、そうするしかありませんでした。

　　① _____　　② _____
　　③ _____　　④ _____

6) この集まりを通じて、私はたくさんのことを学びました。

　　① _____　　② _____
　　③ _____　　④ _____

7) 彼は食欲がないそうです。

　　① _____　　② _____
　　③ _____　　④ _____

8) 銀行はその大通りの向かい側にあった。

　　① _____　　② _____
　　③ _____　　④ _____

9) 何より健康が一番大切です。

　　① _____　　② _____
　　③ _____　　④ _____

10) もっと相手の言葉に耳を傾けたらどうか。

　　① _____　　② _____
　　③ _____　　④ _____

解答と解説

日本語文の一部分の韓国語訳として適切なものを、読み上げられた選択肢から選ぶ問題です。提示されている日本語文にあらかじめ目を通し、読み上げられる音声の内容を予測しつつ、それぞれの選択肢をメモしましょう。

1

正解 ② 　50ページを<u>開いてみてください</u>。
　　　　　　　　　　　　펴 보세요

① 닫아 주세요 (閉めてください)
② 펴 보세요 (開いてみてください)
③ 열어 보세요 (開けてみてください)
④ 피워 보세요 (吸ってみてください)

重要ポイント　「本を開く」は「책을 펴다」。「ドアを開く、開ける」は「문을 열다」、「ドアが開く、開かれる」が「문이 열리다」となります。「펴다」は「広げる、開く」という意味で、畳んだり、折りたたんだものを開く際に使います (例: 우산을 펴다 傘を開く)。

➲ 닫다 (閉める)、펴다 (開く)、열다 (開ける)、피우다 (吸う)

2

正解 ③ 　もう少しで<u>居眠りするところだった</u>。
　　　　　　　　　　　　　졸 뻔했다

① 잤나 보다 (眠ったようだ)
② 졸 수 있었다 (居眠りできた)
③ 졸 뻔했다 (居眠りするところだった)
④ 죽을 뻔했다 (死ぬところだった)

重要ポイント　「졸 뻔했다」は、[졸 뻐내따 (または 뻐낻따)] のように発音されます。「-ㄹ 뻔했다」は、「もう少しで〜するところだった」、「あやうく〜するところだった」。例えば「전철을 놓칠 뻔했다 (電車を逃すところだった)」、「지각할 뻔했다 (遅刻するところだった)」のように表現することができます。

➲ 졸다 (居眠りする)、-ㄹ 뻔하다 (〜ところだ、〜しそうだ)

109

3

正解 ①　明日は皆さん<u>来られないそうです</u>。
　　　　　　　　　　못 온답니다

---

① 못 온답니다（来られないそうです）
② 못 왔대요（来られなかったそうです）
③ 안 온답니다（来ないそうです）
④ 안 왔대요（来なかったそうです）

重要ポイント　「온답니다」は「온다고 합니다」の縮約形、「왔대요」は「왔다고 해요」の縮約形です。引用形での「-고 하」の縮約については P.150～P.155 を参照してください。また、「못」と「안」では文全体の意味が異なってきますので、注意しましょう。

4

正解 ②　その時、<u>とても怖くなったみたいです</u>。
　　　　　　　　　　무척 겁이 났나 봐요

---

① 많이 무서워했어요（とても怖がりました）
② 무척 겁이 났나 봐요（とても怖くなったみたいです）
③ 가슴이 아팠대요（胸が痛んだそうです）
④ 너무 떨렸어요（とても震えました）

重要ポイント　「겁이 났나 봐요」は [거비 난나 봐요] と発音されます。「겁이 나다」は「怖くなる」「怖がる」。「-나 보다」は「～ようだ」という意味で、「관광하러 오셨나 봐요（観光しにいらしたみたいです）」、「시간이 있나 봐요（時間があるようです）」のように表現できます。

➲ 무서워하다（怖がる）、무척（とても）、겁이 나다（怖くなる、こわがる）、떨리다（震える）

5

正解 ②　指示されたことなので、<u>そうするしかありませんでした</u>。
　　　　　　　　　　　　　　　　그렇게 할 수밖에 없었어요

① 그럴 수밖에 없었대요 (そうするしかなかったそうです)
② 그렇게 할 수밖에 없었어요 (そうするしかありませんでした)
③ 그렇게 할 수가 없었어요 (そうすることができませんでした)
④ 그렇게만 할 수 있었어요 (そのようにだけできました)

重要ポイント　「그렇게 할 수밖에 없었어요」は、[그러케 할 쑤바께 업써써요]と発音されます。「-ㄹ/을 수밖에 없다」は「～(する)しかない」という意味で、「이제 누구나 다 그 선수 실력을 인정할 수밖에 없다 (もはや誰もがその選手の実力を認めるしかなかった)」のように使います。

6

正解 ② この集まりを通して、私はたくさんのことを学びました。
　　　　　이 모임을 통해

① 이 모임에 앞서 (この集まりに先立って)
② 이 모임을 통해 (この集まりを通して)
③ 이 모임은 물론이고 (この集まりはもちろん)
④ 이 모임에 한해서 (この集まりに限って)

重要ポイント　「모임(集まり)」は「모이다(集まる)」が名詞化したものです。「-을/를 통해(서)」は、「경험을 통해(経験を通じて)」や、「드라마를 통해서 본 한국 문화(ドラマを通して見た韓国文化)」のように使われます。

➡ 모임 (集まり)、통하다 (通じる)

7

正解 ④ 彼は食欲がないそうです。
　　　　　밥맛이 없대요

① 벌써 식사했대요 (すでに食事したそうです)
② 밥을 샀어요 (ご飯をおごりました)
③ 밥을 먹고 싶대요 (ご飯を食べたいそうです)
④ 밥맛이 없대요 (食欲がないそうです)

重要ポイント　「밥맛이 없대요」は[밤마시 업때요]と発音されます。「밥

맛」は「食欲」。「없대요」は、「없다고 해요」の縮約形です。

➲ 벌써(すでに)、밥맛이 없다(食欲がない)

8

正解 ① 銀行はその<u>大通りの向かい側</u>にあった。
　　　　　　　　　　　큰길 맞은편

① 큰길 맞은편(大通りの向かい側)
② 그 길 주변(その道の周辺)
③ 그 건물 가까이(その建物の近く)
④ 건물 건너편(建物の向かい側)

重要ポイント 「큰길 맞은편」は [큰길 마즌편] と発音されます。選択肢①の「큰길」と②の「그 길」は、若干発音が似ていますが、そのあとに続く①「맞은편」、②「주변」を聞き取れていれば正解へたどり着くことができます。

➲ 큰길(大通り)、주변(周辺)、가까이(近く)、건너편(向かい側)

9

正解 ③ 何より健康が一番大切です。
　　　　　무엇보다 건강이 제일 소중합니다

① 건강이야말로 소중한 것이다(健康こそ大切なものだ)
② 무엇보다 평화가 가장 소중합니다(何より平和が最も大切です)
③ 무엇보다 건강이 제일 소중합니다(何より健康が一番大切です)
④ 건강만큼 소중한 게 없다(健康ほど大切なものはない)

重要ポイント 選択肢の①、③、④は全て「健康が大切だ」という内容の文ですが、問題文「何より健康が一番大切です」の訳としては③が正解となります。選択肢を聞く際には、類似した内容の選択肢と混同しないよう、内容だけではなく、韓国語で何と表現したのかをメモしておきましょう。

➲ 건강(健康)、이야말로(〜こそ)、소중하다(大切だ)、평화(平和)

10

正解 ① もっと相手の言葉に耳を傾けたらどうか。
　　　　　　　　　　귀를 기울이면

① 귀를 기울이면（耳を傾けたら）
② 귀에 들어오면（耳に入れば）
③ 고개를 저으면（首を振ったら）
④ 눈을 돌리면（目を向けたら）

重要ポイント　この問題のポイントは、「귀를 기울이다（耳を傾ける）」を知っているかどうかです。単語を覚える際には、どのような組み合わせで使われるのかにも、ぜひ注目してください。

⊃ 귀를 기울이다（耳を傾ける）、귀에 들어오다（耳に入る、耳に入れる）、고개를 젓다（首を横に振る）、눈을 돌리다（目を向ける、関心を持つ）

練習問題 ❻ CD1 59 ～ CD1 63

問題文を2回ずつ読みます。①〜④の中から文章の内容に合うものを1つ選んでください（空欄はメモする場合にお使いください）。

1）

① 이 사람은 친구랑 같이 여행 갈 것이다.
② 이 친구는 주말에 시간이 없느냐고 물었다.
③ 이 사람은 이 친구하고 여행을 못 간다.
④ 이 사람이 먼저 같이 여행 가자고 했다.

2）

① 친구는 이 사람한테 전화는 내일 하면 안 되냐고 했습니다.
② 이 사람 친구는 어제 감기에 걸렸습니다.
③ 이 사람은 그 친구가 아프다는 걸 다른 사람한테 들어서 알게 됐습니다.
④ 친구는 이 사람에게 약이 없으니까 사 오라고 했습니다.

3)

① 이 사람은 책에 관한 지식이 거의 없다.
② 이 사람은 이번 주말에 얼마든지 책을 볼 수 있다.
③ 책을 보지 않으면 세상이 좁아진다.
④ 이 사람은 도서관에 못 가는 것을 안타까워한다.

4)

① 이 사람은 어디를 가든 교통사고를 본다고 한다.
② 사고의 이유는 거의 다가 졸음운전 때문이다.
③ 이 사람이 교통사고를 냈다.
④ 차를 없애면 사고도 없어진다.

解答と解説

　読み上げられる文章の内容に合うものを、韓国語の選択肢の中から選ぶ問題です。読み上げられた文章の意味を正確に把握し、なおかつそれが選択肢のどれと一致しているのかを読み解くことが大きなポイントになります。こういった問題への対策として、ある程度長文の韓国語を聞き、要約するといった練習をするのもよいでしょう。

1

　読み上げ文　친구가 겨울방학 때 시간이 되면 여행을 가자고 했다. 하지만 나는 바빠서 못 갈 거라고 했다. 그때 벌써 다른 약속이 있었기 때문이다. 그러나 친구는 그 예정을 바꿀 수는 없느냐고 물었다. 나는 그럴 수는 없으니까 다음에 같이 가자고 대답을 했다.

　日本語訳　友達が、冬休みに時間があったら旅行に行こうと言った。けれど、僕は忙しいから行けないだろうと言った。その時、すでに他の約束があったからだ。しかし、友達はその予定を変えることはできないのかと聞いた。僕は、そうすることはできないから、次に一緒に行こうと答えた。

① 이 사람은 친구랑 같이 여행 갈 것이다.
　（この人は友達と一緒に旅行に行くつもりだ。）
② 이 친구는 주말에 시간이 없느냐고 물었다.
　（この友達は週末に時間がないかと尋ねた。）
③ 이 사람은 이 친구하고 여행을 못 간다.
　（この人はこの友達と旅行に行けない。）
④ 이 사람이 먼저 같이 여행 가자고 했다.
　（この人が先に旅行に行こうと言った。）

　正　解　③ 이 사람은 이 친구하고 여행을 못 간다.
　重要ポイント　読み上げられた文章の中に、「나는 바빠서 못 갈 거라고 했다（僕は忙しいから行けないだろうと言った）」とあるので、正解は③。

➲ 벌써（すでに）

2

読み上げ文　친구가 아파서 집에 있다는 소식을 듣고 저는 전화를 해 봤습니다. 전화를 받은 친구한테 괜찮냐, 약은 먹었냐, 열이 있냐고 여러 가지를 물었습니다. 그랬더니 친구는 이제 자야겠다고 하면서 아무 말 없이 전화를 끊었습니다. 그걸 듣고 저는 괜히 전화했나 하는 생각이 들었습니다.

日本語訳　友達が具合が悪くて家にいるという話を聞き、私は電話をしてみました。電話を取った友達に、大丈夫なのか、薬は飲んだのか、熱はあるのかとあれこれと聞きました。すると、友達はもう寝ると言って、何も言わずに電話を切りました。それを聞いて、私は電話をしなければよかったかなと思いました。

① 친구는 이 사람한테 전화는 내일 하면 안 되냐고 했습니다.
　（友達はこの人に、電話は明日したらダメかと言いました。）
② 이 사람 친구는 어제 감기에 걸렸습니다.
　（この人の友達は、昨日風邪を引きました。）
③ 이 사람은 그 친구가 아프다는 걸 다른 사람한테 들어서 알게 됐습니다.
　（この人は、その友達が具合が悪いということを、他の人から聞いて知りました。）
④ 친구는 이 사람에게 약이 없으니까 사 오라고 했습니다.
　（友達はこの人に、薬がないから買ってくるようにと言いました。）

正解　③ 이 사람은 그 친구가 아프다는 걸 다른 사람한테 들어서 알게 됐습니다.

重要ポイント　読み上げられた文の出だしに「친구가 아파서 집에 있다는 소식을 듣고 저는 전화를 해 봤습니다（友達が具合が悪くて家にいるという話を聞き、私は電話をしてみました）」とあるため、正解は③。

⇒ 소식(ニュース、消息、知らせ、便り)、전화를 끊다(電話を切る)、괜히(無駄に)、생각이 들다(思う)

3

読み上げ文　난 독서를 좋아한다. 왜냐하면 책을 읽으면 읽을수록 그 책을 통해 세상이 넓어지는 것 같기 때문이다. 이번 주말에는 시간이 없어서 도서관에 못 갈지도 모른다. 시간만 있으면 도서관에 가서 책을 더 많이 볼 텐데.

日本語訳　私は読書が好きだ。なぜなら、本を読めば読むほど、その本を通して世界が広がるような気がするからだ。今週末には時間がなくて、図書館に行けないかもしれない。時間さえあったら、図書館に行ってもっとたくさん本を読むのに。

....

① 이 사람은 책에 관한 지식이 거의 없다.
　（この人は本に関する知識がほとんどない。）
② 이 사람은 이번 주말에 얼마든지 책을 볼 수 있다.
　（この人は今週末に、いくらでも本を読むことができる。）
③ 책을 보지 않으면 세상이 좁아진다.
　（本を読まないと、世界が狭くなる。）
④ 이 사람은 도서관에 못 가는 것을 안타까워한다.
　（この人は、図書館に行けないことを残念がっている。）

正　解　④ 이 사람은 도서관에 못 가는 것을 안타까워한다.

重要ポイント　読み上げられた文章の最後に「시간만 있으면 도서관에 가서 책을 더 많이 볼 텐데(時間さえあったら、図書館に行ってもっとたくさん本を読むのに)」とあるので、正解は④。

➡ -면 ㄹ수록（～すれば～するほど）、세상（世の中、世間、世界）、-ㄹ지도 모르다（～かもしれない）、-ㄹ 텐데（～のに）

4

読み上げ文　출근하는 길에 교통사고를 볼 경우가 있다. 이전에 비해 차도 많아지고 길이 항상 막힌다. 뉴스에서도 사고 소식을 안 듣는 날이 없을 정도인데 교통사고는 상당 부분이 졸음운전이 원인이라고 한다. 사고를 없애기 위해 안전한 운전이 되길 바란다.

日本語訳　出勤する途中に交通事故を見ることがある。以前に比べ車も増え、道はいつも混んでいる。ニュースでも事故の知らせを聞かない日はないくらいだが、交通事故は、かなりの部分が居眠り運転が原因だという。事故をなくすため、安全な運転になるよう願っている。

① 이 사람은 어디를 가든 교통사고를 본다고 한다.
 (この人は、どこに行っても交通事故を見ると言う。)
② 사고의 이유는 거의 다가 졸음운전 때문이다.
 (事故の理由は、ほとんどが居眠り運転のためだ。)
③ 이 사람이 교통사고를 냈다.
 (この人が交通事故を起こした。)
④ 차를 없애면 사고도 없어진다.
 (車をなくせば、事故もなくなる。)

正　解　② 사고의 이유는 거의 다가 졸음운전 때문이다.

重要ポイント　読み上げられた文章に「교통사고는 상당 부분이 졸음운전이 원인이라고 한다(交通事故は、かなりの部分が居眠り運転が原因だという)」とあるので、正解は②。

➜ -는 길(~する途中)、교통사고(交通事故)、졸음운전(居眠り運転)、원인(原因)、없애다(なくす)、안전하다(安全だ)

2章
合格のためのマスター事項

- 3級合格のために 5つのポイント ………… 122
- 発音変化 ………………………………………… 125
- 漢字音 …………………………………………… 128
- 変格活用 ………………………………………… 136
- 連体形 …………………………………………… 147
- 引用形 …………………………………………… 150
- 한다体 …………………………………………… 156

3級合格のために 5つのポイント

　本書P.5の「3級のレベルと合格ライン」にもあるように、3級とは「外国語で普通の会話ができるレベル」に到達しているということですが、これは意外に難しいといえるでしょう。ここでは、具体例を中心に、3級合格のためのポイントをみていきましょう。

① 発音と文字を結びつける訓練をする

　「못 오세요?(来られませんか?)」という文は、文字で見ると簡単な文ですが、発音は [모도세요] となります(P.126「単語間の連音化」)。実際に「モドセヨ」という音が相手の口から発せられて、それを「못 오세요?」というハングルに変換するのには、一瞬時間がかかるものです。最初は、「モドー」という音に引っぱられて「モドダなんていう動詞があったっけ?」と思ったりするのが普通です。こういった点で、韓国語を文字から学んだ場合には、発音と文字を結びつける訓練が必要になります。それには、発音変化や変格活用をきちんと把握しておくことが前提になりますので、まずこの部分をしっかり学びましょう。

　そのうえで、発音と文字を結びつける訓練をしていくわけですが、一番効果的なのは、ディクテーション(韓国語・朝鮮語で読まれた文章を、韓国語・朝鮮語で書き取ること。韓国語では「받아쓰기」)です。最初は、書き起こし文などがあって正解が分かる録音教材を、まず文字を見ずに、音を聞いて書き取ってみるとよいでしょう。その際、聞き取れなかった部分を空白にせず、カタカナでもいいので、聞こえた音の通りに書き取ってみてください。そうすると、自分の聞き誤りの傾向が分かってきて、対策を立てることができるようになります。

　また、聞取問題を解くとき、聞いた瞬間にすべてを正しいハングルの綴りで書こうとするのは、やめたほうが賢明です。「音を聞く」ことに加え、「正しいハングルの綴りで書く」という2つのことを同時に処理するのは、脳にも負担が大きいからです。音を聞くときは「音」に集中して、発音記号でも、ハングルでも、ひらがなでも、とにかく音を捕まえてください。

②文体の見極め

次に文体についてです。3級では、5級と4級で出題範囲だった「합니다体」、「해요体」に加えて「한다体」が出題範囲に含まれます。さらに、引用形の縮約形(例:「내일 간대요」)も取り扱われます。

たとえば、3級で扱われる文体などを、「내일 가다(明日、行く)」を例にみると、以下のようになります。

```
합니다体         ➡  내일 갑니다.(明日、行きます。)
해요体           ➡  내일 가요.(明日、行きます。)
한다体           ➡  내일 간다.(明日、行く。)
引用形(합니다体) ➡  내일 간다고 합니다.(明日、行くそうです。)
                  [縮約形] 내일 간답니다.
引用形(해요体)   ➡  내일 간다고 해요.(明日、行くそうです。)
                  [縮約形] 내일 간대요.
```

日本語と同じように、語尾に大量の情報が盛られている点に注意してください。縮約形は新聞などではほとんど使われませんが、話し言葉で非常によく使われます。意識的に学習しないと、すっぽり抜け落ちる可能性が高い部分だと言えるでしょう。

③動詞と名詞の組み合せを増やしていく

語彙を覚えていく際には、「紙をはさみで切る」のように、対象・手段・動作の動詞と名詞のような組み合せを覚える必要があります。韓国語で作文練習をするとき、とかく抽象的なことを書きがちですが、具体的なものや動作の表現を韓国語に訳すように心がけてみましょう。料理の作り方や体操のしかた、折り紙の折り方などを外国語で語ることは、国際政治について語る何倍も、実は難しいのです。特に漢字語の多くを共有する韓国語と日本語の間では、「難解な文章ほどやさしい」という逆転現象があります。辞書を引く際にも、せっかく引くのですから、「どの名詞と動詞が結びつくのか」にも注目してみましょう。

④語彙力を左右する漢字音

漢字音をどれだけ覚えているかで、語彙力に大きく差が出ます。韓国

語は、日本語とは違い、基本的に漢字は「1字1音」です。たとえばカードの表に漢字音のハングルを、裏に漢字を書いたものを用意して、同じ音の漢字を集めたり、組み合わせて単語を作って発音したりすると、遊び感覚で知識を増やせます。また、文を読んでいて、漢字語だと思われるものが出てきたら、すぐには辞書を引かず、じっくり見て漢字を想像してみるのもひとつの方法です。そうしているうちに日韓の漢字音の対応関係が自然と頭に入ってきます。日本語と韓国語の漢字音の対応関係については、P.128～P.135を参考にしてください。

⑤ 対話形式のものに慣れておくこと

　対話文の適切な受け答えを選択する問題の対策としては、台詞や会話を素材としたテキストでの学習が有用です。耳で聞いてすぐ答えることが要求される会話力は、面接形式でなければ本当には試すことができないのですが、文法能力とともに、この能力もあわせてペーパーテストで問おうとしているのが、対話を扱う筆記問題です。映画やドラマのスクリプトや、『韓国語ジャーナル』(アルク刊、年4回発行)のCD音声スクリプト「Voice of KJ」も大いに活用してください。

発音変化

合格のための マスター事項

3級で新たに出題範囲に含まれる発音変化は、以下の通りです。

> ① ㄹの鼻音化(例:정리 [정니])
>
> ② 単語間の連音化(例:꽃 위 [꼬뒤])
>
> ③ ㄴ挿入(例:일본 요리 [일본뇨리]) ※『トウミ』改訂版では、準2級の範囲に含まれています。
>
> ④ 濃音化
>   ④-1 漢字語における濃音化(例:결석 [결썩])
>   ④-2 漢字語における例外的な濃音化(例:인기 [인끼])
>   ④-3 合成語における濃音化(例:학생증 [학쌩쯩])

これらに加え、4、5級レベルの発音変化もあわせて出題されます。問題で問われる発音変化は、1つの問題に1つの発音変化とは限りません。複数の発音変化が起こっている場合は、一度に答えを出そうとせずに、段階的に解きほぐしていくことが大切です。

1つひとつのルールをやみくもに覚えようとすると、かなり難しく感じられるかもしれませんが、たくさんの文章を耳にし、また自分でも実際に発音することによって、自然に頭に入ってくるでしょう。日ごろから注意を向け、たえず確認していくことが、発音変化の習得には効果的といえます。

①ㄹの鼻音化

パッチム「ㅁ」、「ㅇ」の直後に「ㄹ」が来た場合に、その「ㄹ」の発音が [ㄴ] になる現象。

> ㅁ + ㄹ ➡ ㅁ + ㄴ　　例:심리 [심니](心理)
> ㅇ + ㄹ ➡ ㅇ + ㄴ　　例:종류 [종뉴](種類)

さらに、パッチム[p][t][k]※の直後に「ㄹ」が来た場合は、その「ㄹ」の発音が[ㄴ]になり、さらにその[ㄴ]が、直前の[p][t][k]を鼻音化さ

せます。発音変化して生じた鼻音が、さらに他の鼻音化を引き起こす現象です。

```
[p]+ㄹ ➡ ([p]+ㄴ) ➡ ㅁ + ㄴ    例：입력➡([입녁])➡[임녁](入力)
[t]+ㄹ ➡ ([t]+ㄴ) ➡ ㄴ + ㄴ    例：몇리➡([멷니])➡[면니](何里)
[k]+ㄹ ➡ ([k]+ㄴ) ➡ ㅇ + ㄴ    例：독립➡([독닙])➡[동닙](独立)
```

※参考
　[p]で発音されるパッチム ➡ ㅂ、ㅍ、ㅄ、ㅄ
　[t]で発音されるパッチム ➡ ㄷ、ㅌ、ㅈ、ㅊ、ㅅ、ㅆ
　[k]で発音されるパッチム ➡ ㄱ、ㅋ、ㄲ、ㄳ、ㄺ

② 単語間の連音化

　「옷이(服が)」や「옷은(服は)」の場合は、「-이(〜が)」、「-은(〜は)」が1つの独立した単語ではなく、助詞であるため、つづり上の「ㅅ」の音が繰り上がり、それぞれ[오시]、[오슨]のように連音化します。しかし、「옷 안(服の中)」のように、単語と単語がつながる場合は「単語間の連音化」が起こり、「単独で発音した場合の音」、つまり[옫]の音が繰り上がります。そのため、発音は[오단]となります。このことを「単語間の連音化」といいます。

例：꽃 위 [꼬뒤](花の上)
　　못 와요 [모돠요](来れません)

③ ㄴ挿入

　「ㄴ挿入」とは、合成語、あるいは2つの単語が続く場合で、後ろの単語が「이、야、얘、여、예、요、유」で始まるほかの語であるとき、その「이、야、얘、여、예、요、유」の直前に発音上「ㄴ(n)」が挿入される現象です。

例：일본 요리 [일본뇨리](日本料理)
　　못 읽어요 [몬닐거요](読めません)
　　못 입어요 [몬니버요](着れません)

　なお、「볼일(用事)」の場合は、まず「볼일」にㄴが挿入され[볼닐]となり、さらに挿入された「ㄴ」の影響を受け、「ㄹ+ㄴ ➡ ㄹ+ㄹ」という流音化が起こり、最終的な発音は[볼릴]となります。

④ 濃音化

　3級で新たに出題範囲となる濃音化には、以下の3つがあります。
　漢字語における濃音化の場合、単語が漢字語であることが前提となるため、単語を覚える際には、その単語が漢字語かどうかにも注意してください。なお、『トウミ』改訂版の語彙リストの「漢字・発音」欄に、漢字語の場合には漢字が表記してあるので参考にしてください。

④-❶ 漢字語における濃音化

　漢字語では、パッチム ㄹ の後に ㄷ、ㅅ、ㅈ が続いた場合に濃音化が起こります（ただし、漢字語でパッチム ㄹ の後に ㅂ、ㄱ が続いた場合には濃音化は起こりません）。

例：결석［결썩］(欠席)
　　일정［일쩡］(日程)
　　발달［발딸］(発達)

④-❷ 漢字語における例外的な濃音化

　漢字語では、例外的に濃音化を起こすものがあります。

例：인기［인끼］(人気)
　　한자［한짜］(漢字)
　　문자［문짜］(文字、携帯メール)
　　가능성［가능썽］(可能性)

④-❸ 合成語における濃音化

　2つの単語が合わさってできる合成語では、後ろの単語の語頭の平音が濃音化することがあります。

例：학생증［학쌩쯩］(学生証)
　　맞춤법［맏춤뻡］(正書法)
　　길거리［길꺼리］(通り、路上)

合格のための マスター事項

漢字音

　日本語と韓国語の単語を比べて、「音がよく似ているな」「発音が同じ」と思ったことはありませんか？　それもそのはず。漢字音は、もともと中国から伝わった漢字の発音が、韓国や日本それぞれの言語に合った形に変化した音。そのため、漢字の読みが似ていたり、音の変わり方にある程度の規則があったりするのです。ここでは、日本語と韓国語のおおよその「漢字音の対応関係」をみていきましょう。単語のパッチム（終声）が「ㅇ」なのか「ㄴ」なのか、母音が「ㅗ」なのか「ㅓ」なのか混同しがちな場合にも役立つ知識です。

韓国語の漢字音は原則一字一音

　日本語では、漢字に何通りかの読み方が存在しますが、**韓国語の漢字音は原則一字一音です**。そのため、たとえば「韓国語」という漢字語が「한국어」であることが分かれば、「韓国」は「한국」、「国語」は「국어」ということが推測できます。さらに「英語」が「영어」ということをその知識に付け加えると、今度は「イギリス〈英国〉」は「영국」ということまで辞書を引かずして推測することができるのです。このようにして、漢字音の知識を増やし、それを組み合わせることによって、語彙力をつけることができます。

「한」を「ㅎ」「ㅏ」「ㄴ」に分けて、それぞれの対応ルールを覚える

　「韓」は「한」、「国」は「국」、「語」は「어」、「英」は「영」というように一字一字の音をそれぞれ一対一で覚えていき、組み合わせて「韓国語」「韓国」「国語」「英語」「英国」という単語を覚えることは、もちろん語彙力増強の手段として基本的に有効です。しかし、この方法のみを活用すると、「한〈韓〉」、「국〈国〉」、「어〈語〉」、「영〈英〉」という4つの漢字音で、5つの単語を作り出すことしかできません。たとえば、「한」というハングルを「ㅎ」「ㅏ」「ㄴ」のように分け、それぞれの「対応ルール」をマスターすると、より効率的に漢字音を把握し、覚えることができます。

```
      初声         中声
     （子音）     （母音）
         한
            終声
          （子音）
```

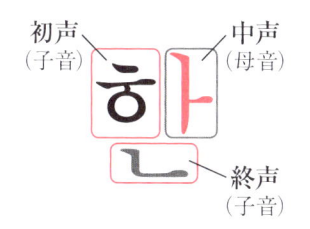

同じ「子音」であっても、「初声」と「終声」の場合でルールが異なることに注意してください。

頭音法則 ──「漢字音の対応ルール」の前提として

前述の通り、韓国語の漢字音は原則一字一音です。一部、一字一音ではないものもありますが、3級では範囲外となりますのでご安心を。

それでは、この「韓国語の漢字音は原則一字一音」を念頭において、以下の単語を韓国語に訳し（ハングルで書く）、その漢字も表記してください。

【練習問題】

① 未来（　　　　）　　　漢字表記（　　　　　）
② 明日（　　　　）　　　漢字表記（　　　　　）
③ 男女（　　　　）　　　漢字表記（　　　　　）
④ 女子（　　　　）　　　漢字表記（　　　　　）

【解答】

① 未来（ 미래 ）　　　漢字表記（ 未来 ）
② 明日（ 내일 ）　　　漢字表記（ 来日 ）
③ 男女（ 남녀 ）　　　漢字表記（ 男女 ）
④ 女子（ 여자 ）　　　漢字表記（ 女子 ）

「明日」を漢字で「来日」と書く点にはとまどってしまったかもしれませんが、それ以外は初級レベルの単語でした。①と②には「来」という漢字が出てきますが、①では「래」、②では「내」となっています。また、③と④に出てきた「女」という漢字は、③では「녀」、④では「여」となっています。

ここで思い出していただきたいのが、先ほどの「韓国語の漢字音は原則一字一音」というポイントです。単純に考えると、「これらの漢字が原則

に当てはまらないのでは?」と結論づけたくなりますが、実はそうではありません。

まず、「来」の韓国語の漢字音は「래」、「女」の韓国語の漢字音は「녀」で正解です。それでは、なぜこれらの漢字が、別の音で表されているのでしょうか。それは、韓国語の漢字音のうち、「ㄹ」「ㄴ」が語頭に来るものは別の音に変化する「頭音法則(とうおんほうそく)」というルールがあるからなのです。

頭音法則

語頭が 라, 래, 로, 뢰, 루, 르 ➡ 나, 내, 노, 뇌, 누, 느
　　　 랴, 려, 례, 료, 류, 리 ➡ 야, 여, 예, 요, 유, 이
　　　(例:내년-来年、노동-労働※、양심-良心、요리-料理、이-李〈姓〉)

　　　 녀, 뇨, 뉴, 니 ➡ 여, 요, 유, 이
　　　(例:여자-女子、연하장-年賀状、염불-念仏)

※韓国語での漢字表記は「労動」。「働」は日本語固有の国字です。

先の問題では、この「頭音法則」にのっとり、「語頭か語中か」によって、漢字音が違っていたのです。漢字音の対応ルールを学習する前に、ぜひ知っておいてほしいルールです。

なお、語中のㄹ音は本来の音のまま(例:미래)ですが、母音や終声ㄴの後に続く렬(列、劣など)、률(率、律など)は「열」「율」と書き、表記通りに発音されます。

【例】

환율[화뉼]-換率(レート)　　안전율-安全率　　원주율-円周率
인과율-因果律　　　　　　　진열-陳列　　　　 우열-優劣

なお、この頭音法則は共和国の正書法では用いられていません。共和国では여자(女子)は「녀자」、내년(来年)は「래년」、노동(労働)は「로동」と表記・発音されます。

漢字音の対応ルール①　初声(子音)の対応ルール

ㅇ	➡ ア行	안:安(**アン**)　　이:移(**イ**)
ㄱ,ㅋ,ㅎ	➡ カ行	가:家(**カ**)　　회:会(**カイ**)
ㄱ,ㅇ,ㅎ	➡ ガ行	기:技(**ギ**)　　어학:語学(**ゴガク**)
ㅅ,ㅆ,ㅈ,ㅊ	➡ サ行・ザ行	사실:事実(**ジジツ**)　　시찰:視察(**シサツ**) 취재:取材(**シュザイ**)
ㄷ,ㅌ	➡ タ行	다:多(**タ**)　　통:通(**ツウ**)
ㄴ,ㄷ,ㅌ	➡ ダ行	남:男(**ダン**)　　난:暖(**ダン**)
ㄴ	➡ ナ行	내:内(**ナイ**)　　난:難(**ナン**)
ㅂ,ㅍ	➡ ハ行	부:父(**フ**)　　편:編(**ヘン**)
ㅁ	➡ バ行	망:望(**ボウ**)　　미:美(**ビ**)　　문:文(**ブン**)
ㅁ	➡ マ行	미명:未明(**ミメイ**)
ㄹ	➡ ラ行	련:連(**レン**)　　락:絡(**ラク**)

　「ㅇ」は、まず「ア行」に置き換え、それでも適切な漢字音にならなかった場合は「ガ行」に置き換えてみてください。また、「ㅁ」はまず「マ行」に置き換え、それでも適切な漢字音にならなかった場合は、「バ行」に置き換えてみます。清音と濁音がある場合は、まず清音に置き換えてみましょう。

漢字音の対応ルール②　終声(子音)の対応ルール

ㅂ	➡ ウ、(旧仮名遣い)フ	십:十(ジュ**ウ**/ジ**フ**)
ㅇ	➡ ウ、(母音eの後では)イ	망:望(ボ**ウ**)　　맹:盟(メ**イ** = me**i**)
ㄱ	➡ ク、キ	각:各(カ**ク**)
ㄹ	➡ チ、ツ	길:吉(キ**チ**)　　달:達(タ**ツ**)
ㄴ,ㅁ	➡ ン	만:万(マ**ン**)　　감:感(カ**ン**)

　日本語の漢字音で「〜ん」のものは、「ㄴ,ㅁ」に対応しており、「ㅇ」に

はならない点に注目！「ㄴ,ㅁ」に対応しない例外は「세－洗（セン）」ぐらいです。

漢字音の対応ルール③　中声（母音）の対応ルール

ㅏ	➡ ア　（a）	아：亜（a）	학：学（gaku）
ㅣ,ㅓ	➡ イ　（i）	시：市（si）	의미：意味（imi）
ㅜ	➡ ウ　（u）	무：無（mu）	분：分（bun）
ㅕ,ㅔ	➡ エ　（e）※	험：験（ken）	년：年（nen）
ㅗ	➡ オ　（o）	로：路（ro）	본：本（hon）
ㅑ	➡ ヤ　（ya）	야：野（ya）	약：薬（yaku）
ㅐ	➡ アイ（ai）	개：開（kai）	애：愛（ai）
ㅖ,ㅒ	➡ エイ（ei）	게：掲（kei）	혜：恵（kei）

※この対応関係は、終声がある場合に限られます。

漢字音の対応ルール④　中声（母音）＋終声（子音）のルール

ㅇ,ㅕㅇ	➡ エイ（ei）	명령：命令（meirei）
ㅕㄱ,ㅕㅋ	➡ エキ（eki）	역：駅（eki）
ㅕㄴ,ㅕㄹ,ㅕㅁ,ㅕㅂ	➡ エン（en）	년：年（nen）

【練習問題】

　ここまで紹介した「頭音法則」や「漢字音の対応ルール」を使って、下の韓国語の単語に対応する日本語が何か答えてください。問題を解く際は、辞書を引かず、ルールに一つひとつ当てはめてみましょう。知っている単語が出てくるかもしれませんが、この問題はルールを理解することが目的ですので、ルールに照らし合わせた作業をしたうえで、答えを書いてください。

《問題の解き方》
　①ハングル一文字一文字を「初声」「中声」「終声」の各要素に分ける。

②それぞれの要素を、対応する日本語の音に置き換える(初声で頭音法則が適用されるものについては、本来の音に戻してから置き換える)。
③②を組み合わせて日本語の漢字音を作る。
④出来上がった音をもとに「意味」を考え、答えを書く。

【例】

개발　「개」……ㄱ ➡ カ行、ㅐ ➡ アイ(ai)なので、組み合わせてできる漢字音は「カイ」。

　　　「발」……ㅂ ➡ ハ行、ㅏ ➡ ア(a)、ㄹ ➡ チ、ツなので、組み合わせてできる漢字音は「ハチ」または「ハツ」。

これら2つを組み合わせてできる漢字音の候補は、「カイハチ」または「カイハツ」。正解は「開発」。

① 안내

② 개찰

③ 배달

④ 진찰

⑤ 의지

⑥ 검사

⑦ 련락

⑧ 훈련

⑨ 연기

⑩ 기념

⑪ 역

⑫ 명령

⑬ 남성

⑭ 현대

⑮ 대본

【解答と解説】

① 안내　「안」……ㅇ➡ア行、ㅏ➡ア(a)、ㄴ➡ンなので「アン」。
　　　　「내」……ㄴ➡ナ行、ㅐ➡アイ(ai)なので「ナイ」。

　　　　正解：案内（アンナイ）

② 개찰　「개」……ㄱ➡カ行、ㅐ➡アイ(ai)なので「カイ」。
　　　　「찰」……ㅊ➡サ行、ザ行（清音を優先させる）、ㅏ➡ア(a)、ㄹ➡チ、ツ
　　　　　　　　　なので「サチ」か「サツ」（「ザチ」「ザツ」の可能性もあり）。

　　　　正解：改札（カイサツ）

③ 배달　「배」……ㅂ➡ハ行、ㅐ➡アイ(ai)なので「ハイ」。
　　　　「달」……ㄷ➡タ行、ダ行（清音を優先させる）、ㅏ➡ア(a)、ㄹ➡チ、ツ
　　　　　　　　　なので「タチ」か「タツ」（「ダチ」「ダツ」の可能性もあり）。

　　　　正解：配達（ハイタツ）

④ 진찰　「진」……ㅈ➡サ行、ザ行（清音を優先させる）、ㅣ➡イ(i)、ㄴ➡ン な
　　　　　　　　　ので「シン」（「ジン」の可能性もあり）。
　　　　「찰」……ㅊ➡サ行、ザ行（清音を優先させる）、ㅏ➡ア(a)、ㄹ➡チ、ツ
　　　　　　　　　なので「サチ」か「サツ」（「ザチ」「ザチ」の可能性もあり）。

　　　　正解：診察（シンサツ）

⑤ 의지　「의」……ㅇ➡ア行、ㅢ➡イ(i)なので「イ」。
　　　　「지」……ㅈ➡サ行、ザ行（清音を優先させる）、ㅣ➡イ(i)なので「シ」
　　　　　　　　　か「ジ」。

　　　　正解：意志（イシ）

⑥ 검사　「검」……ㄱ➡カ行、ㅓ➡エ(e)、ㅁ➡ンなので「ケン」。
　　　　「사」……ㅅ➡サ行、ザ行（清音を優先させる）、ㅏ➡ア(a)なので「サ」
　　　　　　　　　か「ザ」。

　　　　正解：検査（ケンサ）

⑦ 련락　「련」……ㄹ➡ラ行、ㅕ➡エ(e)、ㄴ➡ンなので「レン」。
　　　　「락」……ㄹ➡ラ行、ㅏ➡ア(a)、ㄱ➡ク、キなので「ラク」か「ラキ」。

　　　　　　　正解：連絡（レンラク）※頭音法則を適用すると、韓国語の綴りは「연락」。
　　　　　　　　　　漢字音を考えるときは、本来の音で考えます。

⑧ 훈련　「훈」……ㅎ ➡ カ行、ㅜ ➡ ウ(u)、ㄴ ➡ ンなので「クン」。
　　　　　「련」……ㄹ ➡ ラ行、ㅕ ➡ エ(e)、ㄴ ➡ ンなので「レン」。
　　　　　正解：訓練(クンレン)

⑨ 연기　　「연」……ㅇ ➡ ア行、ㅕ ➡ エ(e)、ㄴ ➡ ンなので「エン」。
　　　　　「기」……ㄱ ➡ カ行、ガ行、ㅣ ➡ イ(i)なので「キ」か「ギ」。
　　　　　正解：延期(エンキ)または演技(エンギ)

⑩ 기념　　「기」……ㄱ ➡ カ行、ㅣ ➡ イ(i) なので「キ」。
　　　　　「념」……ㄴ ➡ ナ行、ㅕ ➡ エ(e)、ㅁ ➡ ンなので「ネン」。
　　　　　正解：記念(キネン) ※祈念(キネン)もありえます。

⑪ 역　　　「역」……역 ➡ エキ(eki)なので「エキ」。
　　　　　正解：駅(エキ)

⑫ 명령　　「명」……ㅁ ➡ バ行、マ行(清音を優先させる)、ㅕ ➡ エ(e)、ㅇ ➡ ウ、
　　　　　　　　　母音eの後では「イ」なので「メイ」か「ベイ」。
　　　　　「령」……ㄹ ➡ ラ行、ㅕ ➡ エ(e)、ㅇ ➡ ウ、母音eの後では「イ」なの
　　　　　　　　　で「レイ」
　　　　　正解：命令(メイレイ)

⑬ 남성　　「남」……ㄴ ➡ ダ行、ㅏ ➡ ア(a)、ㅁ ➡ ンなので「ダン」。
　　　　　「성」……ㅅ ➡ サ行、ザ行(清音を優先させる)、ㅕ ➡ エ(e)、ㅇ ➡ ウ、母
　　　　　　　　　音eの後では「イ」なので「セイ」か「ゼイ」。
　　　　　正解：男性(ダンセイ)

⑭ 현대　　「현」……ㅎ ➡ カ行、ガ行(清音を優先させる)、ㅕ ➡ エ(e)、ㄴ ➡ ンな
　　　　　　　　　ので「ケン」か「ゲン」。
　　　　　「대」……ㄷ ➡ タ行、ダ行(清音を優先させる)、ㅐ ➡ アイ(ai)なので「タイ」
　　　　　　　　　か「ダイ」。
　　　　　正解：現代(ゲンダイ)

⑮ 대본　　「대」……ㄷ ➡ タ行、ダ行(清音を優先させる)、ㅐ ➡ アイ(ai)なので「タイ」
　　　　　　　　　か「ダイ」。
　　　　　「본」……ㅂ ➡ ハ行、ㅗ ➡ オ(o)、ㄴ ➡ ンなので「ホン」。
　　　　　正解：台本(ダイホン)

合格のための マスター事項

変格活用

　韓国語の用言は、語幹にさまざまな語尾が付いて、いろいろな語形を作ります。一見複雑そうな語形変化も、大きくは次の3種類に分類できます。

> ① 語幹（辞書形から「-다」を取ったもの。ただし、ㄹ語幹はㄹの落ちた形になることも）に、そのまま語尾を付けて作られるもの
> ② 「語幹末にパッチムのある子音語幹の場合は、語幹に『-으-』を付け、語幹末にパッチムのない母音語幹の場合は何もつけない」ものに、(-으)系語尾を付けて作られるもの（ただし、ㄹ語幹はこの形に当てはまらないので注意）
> ③ 「語幹末の母音が陽母音の場合は、語幹に『-아』を付け、語幹末の母音が陰母音の場合には、語幹に『-어』をつける」ものに、-아/어系語尾を付けて作られるもの

　この基本的な3つの形を、用言（動詞、存在詞、形容詞、指定詞など述語になりうるもの）の基本形から規則的に作り出すことができることを、「正格活用」といいます。変格活用の説明に入る前に、基本となる正格活用について、まずおさえておきましょう。

【正格活用】 ※　　　　部分が活用している部分です。

① 語幹に直接語尾が続く場合の活用

　基本形から「-다」を取った残りの形（＝語幹）

【例】 받다 ➡ 받고 싶다　먹다 ➡ 먹고 싶다　주다 ➡ 주고 싶다

② 語幹に「-으」で始まる語尾が続く場合の活用

　語幹末のパッチム（終声）の有無に注目。
　語幹末にパッチムのある「子音語幹」の場合……語幹に「-으-」を付ける
　語幹末にパッチムのない「母音語幹」の場合……語幹と同じ形のまま

【例】 받다 ➡ 받으면　먹다 ➡ 먹으면　주다 ➡ 주면

③ 語幹に「-아/어」で始まる語尾が続く場合の活用

語幹末の母音に注目。
語幹末の母音が陽母音(ㅏ,ㅗ,ㅑ)の場合……語幹に「-아」を付ける
語幹末の母音が陰母音(ㅏ,ㅗ,ㅑ以外)の場合……語幹に「-어」を付ける

【例】받다 ➡ 받아서　먹다 ➡ 먹어서　주다 ➡ 주어서(줘서)

ただし、母音語幹の場合は、以下のようになりますので、注意してください。

「語幹」の最後の母音が「ㅏ,ㅓ,ㅕ,ㅐ,ㅔ」➡ 語幹と同じ形のまま
「語幹」の最後の母音が「ㅗ,ㅜ,ㅣ,ㅚ」➡ その母音を「ㅘ,ㅝ,ㅕ,ㅙ」にする
「語幹」の最後の母音が「ㅟ,ㅢ」➡ 語幹に「어」を付ける
「하다」が付く用言 ➡「하다」の部分を「해」にする

韓国語の語尾などは、この3種類のどれにつくのかが決まっていますので、セットで覚えましょう。代表的なものを以下に挙げます。

〈語幹〉
語幹+지만(~だが)　　　　　　　語幹+고 싶어요(~したいです)
語幹+거든요(~なんですよ)　　　語幹+고 있어요(~しています)
語幹+기 때문에(~なので)　　　　語幹+죠(~でしょう)

〈語幹＋으〉※(-으)系語尾が付く
語幹+(으)면(~なら)　　　　　　語幹+(으)세요(~なさいます)
語幹+(으)니까(~なので)　　　　語幹+ㄹ/을 때(~する時)
語幹+ㄹ/을 수 있어요(~できます)　語幹+ㄹ/을 수 없어요(~できません)

〈語幹＋아/어〉※-아/어系語尾が付く
語幹+아/어요(~です)　　　　　　語幹+았/었어요(~でした)
語幹+아/어서(~なので)　　　　　語幹+아/어 있어요(~しています)
語幹+아/어야 해요(~しなくてはなりません)
語幹+아/어 주세요(~してください)

　変格活用であっても、上記の正格活用と同じく、語尾などとつながる場合には3つの形以外にはなりません。「変格活用がいったいどういう形に変わるのかさっぱり分からない」という人もいるかもしれませんが、実はそれぞれの変格活用について3つの形しか存在しないうえに、作り方さえ分かってしまえば案外理解しやすいものです。さっそく、変格活用について学んでいきましょう。

変格活用 ①　ㄹ語幹の用言

「ㄹ語幹の用言」とは、살다(住む)や 길다(長い)のように、**語幹がㄹで終わる用言**のこと。この語幹の直後に、「ㅅ,ㅂ,(終声の)ㄹ,ㄴ」が来たときに、語幹末のㄹが脱落します。(※1)

살다　住む

살고 싶어요	住みたいです
살고 있어요	住んでいます
삽니다	住みます[※1]〔합니다体〕
살면 어때요?	住んだらどうですか?[※2]
사세요	お住みください[※1]
사십니다	お住まいです[※1]
사니까	住むので[※1]
사는 사람	住んでいる人[※1]
살아요	住みます〔해요体〕
살았어요	住みました

上の条件でㄹが脱落するほか、「-(으)면」や「-(으)면서」のように、語幹が母音語幹(パッチムがない形)か子音語幹(パッチムがある形)かで形が分かれる場合には、母音語幹と同じ扱いをする点にも要注意です。(※2)

【例】살면(×살으면)　住めば、住んだら
　　　살면서(×살으면서)　住みながら

〈ㄹ語幹の用言の単語〉

上記以外に、以下のような単語があります。

알다(知る、分かる)　　울다(泣く)
멀다(遠い)　　　　　　달다(甘い)
만들다(作る)　　　　　걸다(掛ける)
길다(長い)　　　　　　놀다(遊ぶ)
들다(入る)　　　　　　열다(開く)
팔다(売る)

変格活用 ②　으 語幹の用言

「으 語幹の用言」とは、語幹が母音「ㅡ」で終わる用言。語幹の直後に -아/어 が続くと、語幹末の「ㅡ」が脱落します。(※1)

基本形(意味)	語 幹	語幹+으	語幹+아/어 ※1
고프다(空腹だ)	고프-	고프-	고파-
기쁘다(嬉しい)	기쁘-	기쁘-	기뻐-

기쁘다　嬉しい

기쁘죠	嬉しいでしょう
기쁘지 않아요	嬉しくありません
기쁩니다	嬉しいです〔합니다体〕
기쁘면	嬉しければ
기쁘세요?	嬉しくていらっしゃいますか?
기쁜 일	嬉しいこと
기뻐요	嬉しいです※1〔해요体〕
기뻤어요	嬉しかったです※1

「예쁘다 ➡ 예뻐요」、「아프다 ➡ 아파요」のように、-아/어 のどちらが付くのかは、「ㅡ」の直前の母音が陽母音(ㅏ,ㅗ,ㅑ)なら「-아」がつき、陰母音(ㅏ,ㅗ,ㅑ以外のすべて)ならば「-어」が付きます。語幹が一文字の場合は、「-어」が付きます。

【例】쓰다(書く)➡ 써요
　　　크다(大きい)➡ 커요

〈注意すべきポイント〉

これと形のよく似た「르変格活用」がありますが(例：모르다、다르다 など)、「르変格活用」についてはP.142で解説します。

〈으 語幹の用言の単語〉

上記以外に、以下のような単語があります。

예쁘다(きれいだ)　　슬프다(悲しい)
바쁘다(忙しい)　　　아프다(痛い)
따르다(従う)　　　　뜨다(浮かぶ)
치르다(支払う)

変格活用③　ㅂ変格活用

「ㅂ変格活用」とは、語幹がㅂで終わる用言で、下表のように活用するもののこと。語幹がㅂで終わる形容詞のほとんどが、この「ㅂ変格活用」です。「-으」で始まる「(-으)系語尾」が続く場合には、正格活用なら「ㅂ으」となるべきところが、우に変わります。(※1)　さらに、「-아/어」で始まる「-아/어系語尾」が続く場合には、正格活用なら「ㅂ아/ㅂ어」となるべきところが、워に変わります。(※2)

基本形(意味)	語幹	語幹+으※1	語幹+아/어※2
덥다(暑い)	덥-	더우-	더워-
춥다(寒い)	춥-	추우-	추워-

춥다 寒い

춥습니다	寒いです〔합니다体〕
춥지만	寒いけれど
추우면	寒いなら※1
추우세요?	お寒いですか？※1
추워요	寒いです〔해요体〕※2
추웠어요	寒かったです※2

ただし、語幹がㅂで終わるものであっても、変格活用ではなく、正格活用するもの(例：좁다〈狭い〉など)もある点には注意が必要です。

また、「돕다(手伝う)」と「곱다(きれいだ)」の2つは、「-아/어系語尾」が続く場合、워ではなく와となりますので、注意してください。

【例】돕다(手伝う) ➡ 도와주세요(手伝ってください)

〈注意すべきポイント〉

「ㅂ変格活用」の「-으」で始まる「(-으)系語尾」語尾が続くもの(例：덥다 ➡ 더우니까)を、うっかり「더으」と書いてしまうミスをたまに見かけます。注意しましょう。

〈ㅂ語幹の用言の単語〉

上記以外に、以下のような単語があります。

가깝다 (近い)　　　쉽다 (容易だ)
아름답다 (美しい)　　어렵다 (難しい)

変格活用 ④　ㄷ 変格活用

「ㄷ 変格活用」とは、語幹がㄷで終わる動詞で、下表のように活用するもののこと。語幹に「-으」で始まる「(-으)系語尾」、あるいは「-아/어」で始まる「-아/어系語尾」が続く場合には、語幹末の終声 ㄷ が ㄹ に変わります。(※1)

基本形 (意味)	語幹	語幹+으 ※1	語幹+아/어 ※1
듣다 (聞く)	듣-	들으-	들어-
걷다 (歩く)	걷-	걸으-	걸어-

걷다 歩く

걷습니다	歩きます〔합니다体〕
걷고 싶어요	歩きたいです
걸으면	歩くなら ※1
걸으세요	お歩きください ※1
걸어요	歩きます ※1〔해요体〕
걸었어요	歩きました ※1

ただし、語幹がㄷで終わる動詞であっても、変格活用ではなく、正格活用するものがある点には注意が必要です。

〈注意すべきポイント〉

「ㄷ変格活用」で活用した結果出てきた終声の「ㄹ」(例：듣다〈聞く〉➡들으세요〈お聞きください〉)を「ㄹ語幹の用言」(例：들다〈持つ〉)と混同してしまう場合がありますので、活用の違いには注意しましょう。「ㄹ語幹の用言」では終声の「ㄹ」が脱落することがありますが、「ㄷ変格活用」で活用した結果現れた「ㄹ」は脱落しません。

また、これと形のよく似た「르変格活用」がありますが (例：모르다、다르다など)、「르変格活用」についてはまた後ほど解説します。

〈ㄷ変格活用の単語〉

上記以外に、以下のような単語があります。

묻다（尋ねる、問う）　　　　　알아듣다（理解する、聞き取る）

変格活用 ⑤　르変格活用

「르 変格活用」とは、語幹が 르 で終わる用言で、下表のように活用するもののこと。語幹が 르 で終わる用言の多くが、この「르変格活用」です。語幹に「-아/어」で始まる「-아/어 系語尾」が続く場合、語幹末の 르 が、「ㄹ라」または「ㄹ러」に変わります。(※1)

基本形(意味)	語幹	語幹＋으	語幹＋아/어 ※1
빠르다(速い)	빠르-	빠르-	빨라-
흐르다(流れる)	흐르-	흐르-	흘러-

빠르다　速い

빠릅니다	速いです〔합니다 体〕
빠르지만	速いけれど
빠르면	速いなら
빠르세요？	お速いですか？
빨라요	速いです※1〔해요 体〕
빨랐어요	速かったです※1

語幹に「-아/어」で始まる「-아/어 系語尾」が続く場合に、語幹末の 르 が「ㄹ라」と「ㄹ러」のどちらに変わるのかは、語幹末の「르」の直前の母音が、陽母音であるのか陰母音であるのかによって決まります。語幹末の「르」の直前の母音が陽母音なら「ㄹ라」、陰母音なら「ㄹ러」になります。

〈注意すべきポイント〉

語幹が 르 で終わるものであっても、르 変格活用ではなく、他の活用に属するものもあるので注意しましょう。

【例】따르다（従う）➡ 으 語幹の用言
따르(語幹)、따르(語幹＋으)、따라(語幹＋아/어)

푸르다（青い）➡ 러変格活用
푸르(語幹)、푸르(語幹＋으)、푸르러(語幹＋아/어)

〈르変格活用の単語〉

上記以外に、以下のような単語があります。

모르다（分からない）　　다르다（違う）
부르다（呼ぶ）　　　　　오르다（登る、上がる）

変格活用⑥　ㅅ変格活用

「ㅅ変格活用」とは、語幹がㅅで終わる用言のうち、下表のように活用するもののこと。語幹に「-으」で始まる「(-으)系語尾」が続く場合には、語幹末の終声のㅅが脱落し、その形に「으」が付きます（※1）。語幹に「-아/어」で始まる「-아/어系語尾」が続く場合、語幹末の終声ㅅが脱落し、その形に「아」または「어」が付きます（※2）。

基本形（意味）	語幹	語幹+으 ※1	語幹+아/어 ※2
낫다（治る）	낫-	나으-	나아-
짓다（建てる）	짓-	지으-	지어-

짓다　建てる

짓습니다	建てます〔합니다体〕
짓지만	建てますが
지으면	建てれば ※1
지으세요	お建てください ※1
지어요	建てます ※2〔해요体〕
지었어요	建てました ※2

語幹に「-아/어」で始まる「-아/어系語尾」が続く場合に、「아」と「어」のどちらがつくのかは、語幹末の母音が陽母音であるのか陰母音であるのかによって決まります。語幹末の母音が陽母音なら「아」、陰母音なら「어」になります。

〈注意すべきポイント〉

ただし、語幹がㅅで終わる動詞であっても、変格活用ではなく、正格活用するものがある点には注意が必要です。

【例】웃다（笑う）、벗다（脱ぐ）など

〈ㅅ 変格活用の単語〉

上記以外に、以下のような単語があります。

긋다（〈線を〉引く）　　낫다（ましだ、よい）
붓다（注ぐ）　　　　　 잇다（結ぶ、つなぐ）

変格活用 ⑦　ㅎ 変格活用

　語幹末が ㅎ で終わる形容詞のうち、좋다（良い）以外の全てが「ㅎ 変格活用」に属します。語幹に「-으」で始まる「(-으)系語尾」が続く場合は、語幹末の ㅎ がなくなった形（※1）、つまり本来なら ㅎ으 となるべきものが、すべて消えた形になります。また、語幹に「-아/어」で始まる「-아/어系語尾」が続く場合は、語幹末の ㅎ がなくなり、さらに語幹末の母音が「ㅐ」に変わります。（※2）

基本形（意味）	語幹	語幹+으 ※1	語幹+아/어 ※2
어떻다（どうだ）	어떻-	어떠-	어때-
그렇다（そうだ）	그렇-	그러-	그래-

어떻다　どうだ

어떻습니까?	どうですか？〔합니다体〕
어떻게	どのように
어떤	どのような ※1
어떠세요?	いかがですか？ ※1
어때요?	どうですか？ ※2〔해요体〕
어땠어요?	どうでしたか？ ※2

　上記のように、「ㅎ 変格活用」は形容詞のみに現れますが、語幹末が ㅎ で終わる形容詞であっても「좋다（良い）」だけは正格活用します。さらに、語幹末が ㅎ で終わるものであっても、動詞は正格活用（例：놓다〈置く〉、넣다〈入れる〉）なので、形だけでなく品詞にも注意してください。

〈注意すべきポイント〉

　「하얗다（白い）」は、「ㅎ 変格活用」の中でも例外です。語幹末の母音「ㅑ」が、語幹に「-아/어」で始まる「-아/어系語尾」が続く場合には、「ㅐ」となります。

【例】하얗다(白い) ➡ 하얗-(語幹)、하야-(語幹+으)、하얘-(語幹+아/어)

〈ㅎ変格活用の単語〉

上記以外に、以下のような単語があります。

노랗다(黄色い)　　　까맣다(真っ黒い)
빨갛다(赤い)　　　　아무렇다(どうこうである)
이렇다(こうだ、このようだ)　저렇다(あのようだ)
커다랗다(非常に大きい)

変格活用⑧　러変格活用

「러変格活用」は、이르다(至る、着く)、푸르다(青い)、노르다(黄色い)、누르다(黄色い)の4つだけと言っても、ほぼよいでしょう。語幹に「-아/어」で始まる「-아/어系語尾」が続く場合に、語幹末に「러」が現れます(※1)。

基本形(意味)	語幹	語幹+으	語幹+아/어※1
이르다(至る、着く)	이르-	이르-	이르러-
푸르다(青い)	푸르-	푸르-	푸르러-

上記の4つの単語から派生した単語も「러変格活用」に含まれますが、まずはこの4つだけを覚えてしまいましょう。

〈注意すべきポイント〉

基本形がよく似た形の単語であっても、「러変格活用」ではなく、他の活用に属するものもある点には注意が必要です。例えば、上の表にある「이르다(至る)」には、同じ綴りの「이르다(早い)」がありますが、こちらは「르変格活用」です。同様に、「누르다」も「누르다(黄色い)」は「러変格活用」ですが、同じスペルの「누르다(押す)」は「르変格活用」です。混同しやすい部分なので是非、意味とあわせて覚えるようにしてください。

「러変格活用」と混同しやすいものに、上で取り上げた「르変格活用」のほかに、「으語幹の用言」があります。表にして活用の形を比較してみましょう。

【르変格活用】(P.142〜P.143参照)

基本形(意味)	語幹	語幹+으	語幹+아/어
다르다(違う)	다르-	다르-	달라-
모르다(分からない)	모르-	모르-	몰라-

【으語幹の用言】(P.139参照)

基本形(意味)	語幹	語幹+으	語幹+아/어
따르다(従う)	따르-	따르-	따라-
치르다(支払う)	치르-	치르-	치러-

　よく見ると、全て語幹に「-아/어」で始まる「-아/어系語尾」が続く場合でのみ、形が異なっています。これらをすぐに全て覚えられなかったとしても、あわてる必要はありません。まずは、語幹が「르」で終わっている単語の場合、当てはまる活用の可能性がいくつかあるということを、頭の隅に置いておいてください。

連体形

　「行く時間」、「住んでいる住所」のように、用言（動詞、形容詞、存在詞、指定詞）が体言（名詞など）を修飾する形を連体形といいます。日本語では、「駅に行く」と「行く駅」では「行く」の形が同じですが、韓国語では異なった形を用います。
　現在・過去などの時制と、品詞による連体形の意味の違いをみてみましょう。

現在連体形：（動詞）～する…、～している…
　　　　　　（形容詞）～な…、～い…
　　　　　　（指定詞）～である…

過去連体形：～だった…

未来連体形：～する（予定の）…、～する（はずの）…

　なお、動詞の場合は、日本語に訳すと、現在連体形と未来連体形が同じ「～する…」という形になりますが、形が同じであっても、意味が違います。現在連体形は「そうしている」「いつもそうしている」「そういうことになっている」という意味を表し、未来連体形は「～するはず（予定）の」「～であろう」「～すべき」という意味を表します。
　連体形を作る際には、活用する用言の品詞と時制に注意することがポイントになります。連体形の作り方を、品詞別に表にすると次ページ以降のようになりますので、しっかり覚えましょう。

① 動詞の連体形

時制 / 語幹	基本形 (代表的な動詞)	現在連体形 語幹＋는	過去連体形 語幹＋ㄴ/은 (パッチムなし:ㄴ、あり:은)	未来連体形 語幹＋ㄹ/을 (パッチムなし:ㄹ、あり:을)
母音語幹	가다 行く	가는 곳 行く所	간 곳 行った所	갈 곳 行く所
子音語幹	먹다 食べる	먹는 것 食べるもの	먹은 것 食べたもの	먹을 것 食べるもの
ㄹ語幹	살다 住む	사는 곳 住む所	산 곳 住んだ所	살 곳 住む所

※ ㄹ語幹の動詞は、語幹のㄹが脱落して、母音語幹と同じ活用をします。

② 形容詞の連体形

時制 / 語幹	基本形 (代表的な形容詞)	現在連体形 語幹＋ㄴ/은 (パッチムなし:ㄴ、あり:은)	過去連体形 語幹＋던	未来連体形 語幹＋ㄹ/을 (パッチムなし:ㄹ、あり:을)
母音語幹	바쁘다 忙しい	바쁜 시간 忙しい時間	바쁘던 시기 忙しかった時期	바쁠 시간 忙しい時間
子音語幹	많다 多い	많은 것 多いもの	많던 것 多かったもの	많을 것 같다 多いようだ
ㄹ語幹	멀다 遠い	먼 곳 遠い所	멀던 곳 遠かった所	멀 것 같다 遠いようだ

　ㄹ語幹の形容詞は、語幹のㄹが脱落して、母音語幹と同じ活用をします。また、動詞の過去連体形と形容詞の現在連体形が同じ形をとりますが、混同しないように注意しましょう。

③ 指定詞の連体形

基本形	現在連体形 語幹+ㄴ	過去連体形 語幹+던	未来連体形 語幹+ㄹ/을 (이다は일、아니다は아닐)
이다 〜だ	학생인 친구 学生である友達	학생이던 친구 学生だった友達	학생일 것이다 学生であろう
아니다 〜でない	학생이 아닌 친구 学生でない友達	학생이 아니던 친구 学生でなかった友達	학생이 아닐 것이다 学生でないであろう

④ 存在詞の連体形

基本形	現在連体形 語幹+는	過去連体形 語幹+던	未来連体形 語幹+을
있다 ある	있는 것 あるもの	있던 것 あったもの	있을 것 あるもの
없다 ない	없는 것 ないもの	없던 것 なかったもの	없을 것 ないもの

【参考】

変格活用の単語を、それぞれの時制で連体形にすると、次のようになります。

活用	代表的な単語	意味		現在連体形	過去連体形	未来連体形
ㄹ語幹	살다	住む	(動詞)	사는	산	살
으語幹	예쁘다	きれいだ	(形容詞)	예쁜	예쁘던	예쁠
ㅂ変格	어렵다	難しい	(形容詞)	어려운	어렵던	어려울
ㄷ変格	듣다	聞く	(動詞)	듣는	들은	들을
르変格	빠르다	速い	(形容詞)	빠른	빠르던	빠를
ㅅ変格	짓다	建てる	(動詞)	짓는	지은	지을
ㅎ変格	그렇다	そうだ	(形容詞)	그런	그렇던	그럴
러変格	푸르다	青い	(形容詞)	푸른	푸르던	푸를

合格のための マスター事項

引用形

　引用形は、「間接話法」と「直接話法」の2つの方法で作ることができます。「直接話法」で引用文を作るときは、他の人の言葉をそのまま" "で囲み、「라고」を付けます。

【例】
　어머니께서 "오늘은 날씨가 참 춥지?"라고 말씀하셨어요.
　(お母さんが、「今日は本当に寒いわね」とおっしゃいました。)

　引用形の後には、「말하다(話す、言う)」「듣다(聞く)」「묻다(尋ねる)」「전하다(伝える)」「말씀하다(おっしゃる)」などのような、**言語活動に関連する動詞**がよく使われますが、「말하다」と同じ意味をもつ「하다」もよく使われます。
　以下、この項目では、「～だそうです」のような、引用文の中でも「間接話法」について詳しく解説します。「平叙文」「勧誘文」「疑問文」「命令文」の作り方と、それぞれ「해요体」「합니다体」の形についてみていきましょう。

間接話法① 平叙文の引用形
①-❶ 動詞の場合

文体	縮約の有無	語幹末のパッチムの有無	引用形	例
해요体	縮約なし	有	語幹+는다고 해요	1
		無	語幹+ㄴ다고 해요	2
	縮約あり	有	語幹+는대요	3
		無	語幹+ㄴ대요	4
합니다体	縮約なし	有	語幹+는다고 합니다	5
		無	語幹+ㄴ다고 합니다	6
	縮約あり	有	語幹+는답니다	7
		無	語幹+ㄴ답니다	8

【例】
1 같이 밥을 먹는다고 해요. … 一緒にご飯を食べるそうです。(基本形：먹다)

2 혼자서 간다고 해요. ……………… ひとりで行くそうです。(基本形：가다)
3 같이 밥을 먹는대요.
4 혼자서 간대요.
5 같이 밥을 먹는다고 합니다.
6 혼자서 간다고 합니다.
7 같이 밥을 먹는답니다.
8 혼자서 간답니다.

①-❷ 形容詞の場合

※存在詞の「있다（ある、いる）」「없다（ない、いない）」もここに含まれます。

文体	縮約の有無	語幹末の パッチムの有無	引用形	例
해요体	縮約なし	あり、なしとも共通	語幹+다고 해요	**1**
	縮約あり	あり、なしとも共通	語幹+대요	**2**
합니다体	縮約なし	あり、なしとも共通	語幹+다고 합니다	**3**
	縮約あり	あり、なしとも共通	語幹+답니다	**4**

【例】
1 아는 사람이 많다고 해요. ……… 知り合いが多いそうです。(基本形：많다)
2 아는 사람이 많대요.
3 아는 사람이 많다고 합니다.
4 아는 사람이 많답니다.

①-❸ 指定詞の場合

文体	縮約の有無	語幹末の パッチムの有無	引用形	例
해요体	縮約なし	有	名詞+이라고 해요	**1**
		無	名詞+라고 해요	**2**
	縮約あり	有	名詞+이래요	**3**
		無	名詞+래요	**4**
합니다体	縮約なし	有	名詞+이라고 합니다	**5**
		無	名詞+라고 합니다	**6**
	縮約あり	有	名詞+이랍니다	**7**
		無	名詞+랍니다	**8**

【例】

1 어머님이 한국 사람이라고 해요. ……… お母さんが韓国人だそうです。
2 출발 시간은 12시라고 해요. ……… 出発の時間は12時だそうです。
3 어머님이 한국 사람이래요.
4 출발 시간은 12시래요.
5 어머님이 한국 사람이라고 합니다.
6 출발 시간은 12시라고 합니다.
7 어머님이 한국 사람이랍니다.
8 출발 시간은 12시랍니다.

間接話法 ② 勧誘文の引用形

※勧誘文は動詞のみです。

文体	縮約の有無	語幹末の パッチムの有無	引用形	例
해요体	縮約なし	あり、なしとも共通	語幹 + 자고 해요	1
	縮約あり	あり、なしとも共通	語幹 + 재요	2
합니다体	縮約なし	あり、なしとも共通	語幹 + 자고 합니다	3
	縮約あり	あり、なしとも共통	語幹 + 잡니다	4

【例】

1 같이 가자고 해요. ……… 一緒に行こうと言います。(基本形:가다)
2 같이 가재요.
3 같이 가자고 합니다.
4 같이 가잡니다.

間接話法 ③ 疑問文の引用形

③-❶ 動詞の場合

※存在詞の「있다(ある、いる)」「없다(ない、いない)」もここに含まれます。
※ㄹ語幹の動詞は、ㄹが脱落したものに「(느)냐고」が付きます。

文体	縮約の有無	語幹末の パッチムの有無	引用形	例
해요体	縮約なし	あり、なしとも共通	語幹+느냐고 해요《書》※ 語幹+냐고 해요《話》	❶
	縮約あり	あり、なしとも共通	語幹+느내요《書》 語幹+내요《話》	❷
합니다体	縮約なし	あり、なしとも共通	語幹+느냐고 합니다《書》 語幹+냐고 합니다《話》	❸
	縮約あり	あり、なしとも共通	語幹+느냡니다《書》 語幹+냡니다《話》	❹

※《書》は書き言葉、《話》は話し言葉で使われる形。

【例】
❶ 무엇을 먹느냐고 해요. ……… 何を食べるのかと言います。(基本形:먹다)
❷ 무엇을 먹느내요.
❸ 무엇을 먹느냐고 합니다.
❹ 무엇을 먹느냡니다.

③-❷ 形容詞の場合

※ㄹ語幹の形容詞は、ㄹが脱落したものに「-냐고」が付きます。

文体	縮約の有無	語幹末の パッチムの有無	引用形	例
해요体	縮約なし	有	語幹+으냐고 해요	❶
		無	語幹+냐고 해요	❷
	縮約あり	有	語幹+으내요	❸
		無	語幹+내요	❹
합니다体	縮約なし	有	語幹+으냐고 합니다	❺
		無	語幹+냐고 합니다	❻
	縮약あり	有	語幹+으냡니다	❼
		無	語幹+냡니다	❽

【例】
1 후지산이 얼마나 높으냐고 해요. 富士山はどのくらい高いのかと言います。(基本形:높다)
2 왜 이렇게 바쁘냐고 해요. どうしてこんなに忙しいのかと言います。(基本形:바쁘다)
3 후지산이 얼마나 높으내요.
4 왜 이렇게 바쁘내요.
5 후지산이 얼마나 높으냐고 합니다.
6 왜 이렇게 바쁘냐고 합니다.
7 후지산이 얼마나 높으냡니다.
8 왜 이렇게 바쁘냡니다.

③-3 指定詞の場合

文体	縮約の有無	語幹末の パッチムの有無	引用形	例
해요体	縮約なし	有	名詞+이냐고 해요	1
		無	名詞+냐고 해요	2
	縮約あり	有	名詞+이내요	3
		無	名詞+내요	4
합니다体	縮約なし	有	名詞+이냐고 합니다	5
		無	名詞+냐고 합니다	6
	縮約あり	有	名詞+이냡니다	7
		無	名詞+냡니다	8

【例】
1 어머님이 한국 사람이냐고 해요. お母さんが韓国人なのかと言います。
2 출발 시간은 12시냐고 해요. 出発の時間は12時なのかと言います。
3 어머님이 한국 사람이내요.
4 출발 시간은 12시내요.
5 어머님이 한국 사람이냐고 합니다.
6 출발 시간은 12시냐고 합니다.
7 어머님이 한국 사람이냡니다.
8 출발 시간은 12시냡니다.

間接話法 ④ 命令文の引用形

※命令文は動詞のみです。

文体	縮約の有無	語幹末の パッチムの有無	引用形	例
해요体	縮約なし	有	語幹+으라고 해요	1
		無	語幹+라고 해요	2
	縮約あり	有	語幹+으래요	3
		無	語幹+래요	4
합니다体	縮約なし	有	語幹+으라고 합니다	5
		無	語幹+라고 합니다	6
	縮約あり	有	語幹+으랍니다	7
		無	語幹+랍니다	8

【例】
1 많이 먹으라고 해요. ……… たくさん食べなさいと言います。(基本形:먹다)
2 만들어 보라고 해요. ……… 作ってみなさいと言います。(基本形:보다)
3 많이 먹으래요.
4 만들어 보래요.
5 많이 먹으라고 합니다.
6 만들어 보라고 합니다.
7 많이 먹으랍니다.
8 만들어 보랍니다.

なお、『トウミ』改訂版では、引用形のうち、間接話法の一部が準2級の範囲になっています。詳しくは『トウミ』改訂版をご参照ください。

合格のための マスター事項

한다体

　韓国語で、日本語の「です・ます体」にあたる文体には、**합니다体と해요体があります**（5級、4級の出題範囲）。このほかに、**日本語の「だ・である体」にあたる文体**もあり、それを **한다体**といいます。この한다体は3級から出題範囲に含まれます。

한다体の作り方

　한다体を作るときには、その活用する単語の品詞に注目してください。

品詞	語幹末のパッチムの有無	한다体	基本形（代表的な単語）	한다体の例
動詞	有（子音語幹）	語幹＋는다	먹다	먹는다（食べる）
	無（母音語幹）	語幹＋ㄴ다	가다	간다（行く）
	ㄹ語幹（※ㄹは脱落）	語幹＋ㄴ다	만들다	만든다（作る）
形容詞	あり、なしとも共通	語幹＋다	많다	많다（多い）
存在詞	【있다, 없다】	語幹＋다	있다	있다（ある、いる）
指定詞	【이다, 아니다】	語幹＋다	이다	시간이다（時間だ）
その他	【겠, 았, 었】	語幹＋다	먹었다	먹었다（食べた）

※「겠」や、過去形の「았/었」がついた形には、品詞にかかわらず「다」が付きます。

【練習問題】

　次の単語や文を、品詞に着目しながら、それぞれ합니다体（現在形）、해요体（現在形）、한다体にしてください（9と10は過去形にしてください）。

1) 받다　　　　합니다体（現在形）　➡　_____　（受け取ります）
　（受け取る）　해요体（現在形）　　➡　_____　（受け取ります）
　　　　　　　한다体　　　　　　➡　_____　（受け取る）

2) 오다　　합니다体(現在形) ➡ ＿＿＿＿＿　(来ます)
　　(来る)　 해요体(現在形)　➡ ＿＿＿＿＿　(来ます)
　　　　　　 한다体　　　　　➡ ＿＿＿＿＿　(来る)

3) 살다　　합니다体(現在形) ➡ ＿＿＿＿＿　(住みます)
　　(住む)　 해요体(現在形)　➡ ＿＿＿＿＿　(住みます)
　　　　　　 한다体　　　　　➡ ＿＿＿＿＿　(住む)

4) 예쁘다　합니다体(現在形) ➡ ＿＿＿＿＿　(きれいです)
　　(きれいだ) 해요体(現在形)　➡ ＿＿＿＿＿　(きれいです)
　　　　　　 한다体　　　　　➡ ＿＿＿＿＿　(きれいだ)

5) 깨끗하다　합니다体(現在形) ➡ ＿＿＿＿＿　(清潔です)
　　(清潔だ)　 해요体(現在形)　➡ ＿＿＿＿＿　(清潔です)
　　　　　　 한다体　　　　　➡ ＿＿＿＿＿　(清潔だ)

6) 시간이 있다　합니다体(現在形) ➡ ＿＿＿＿＿　(時間があります)
　　(時間がある) 해요体(現在形)　➡ ＿＿＿＿＿　(時間があります)
　　　　　　　 한다体　　　　　➡ ＿＿＿＿＿　(時間がある)

7) 갈 시간+이다　합니다体(現在形) ➡ ＿＿＿＿＿　(行く時間です)
　　(行く時間+だ) 해요体(現在形)　➡ ＿＿＿＿＿　(行く時間です)
　　　　　　　 한다体　　　　　➡ ＿＿＿＿＿　(行く時間だ)

8) 못 가다+겠　합니다体(現在形) ➡ ＿＿＿＿＿　(行けません)
　　(行けない+겠) 해요体(現在形)　➡ ＿＿＿＿＿　(行けません)
　　　　　　　 한다体　　　　　➡ ＿＿＿＿＿　(行けない)

9) 살았다　합니다体(過去形) ➡ ＿＿＿＿＿　(住みました)
　　(住んだ)　 해요体(過去形)　➡ ＿＿＿＿＿　(住みました)
　　　　　　 한다体　　　　　➡ ＿＿＿＿＿　(住んだ)

10) 먹었다　합니다体(過去形) ➡ ＿＿＿＿＿　(食べました)
　　(食べた)　 해요体(過去形)　➡ ＿＿＿＿＿　(食べました)
　　　　　　 한다体　　　　　➡ ＿＿＿＿＿　(食べた)

2章 合格のためのマスター事項

【解答】

1) 받다　　　　합니다体(現在形)　➡　받습니다
   (受け取る)　해요体(現在形)　　➡　받아요
   　　　　　　한다体　　　　　　➡　받는다

2) 오다　　　　합니다体(現在形)　➡　옵니다
   (来る)　　　해요体(現在形)　　➡　와요
   　　　　　　한다体　　　　　　➡　온다

3) 살다　　　　합니다体(現在形)　➡　삽니다
   (住む)　　　해요体(現在形)　　➡　살아요
   　　　　　　한다体　　　　　　➡　산다

4) 예쁘다　　　합니다体(現在形)　➡　예쁩니다
   (きれいだ)　해요体(現在形)　　➡　예뻐요
   　　　　　　한다体　　　　　　➡　예쁘다

5) 깨끗하다　　합니다体(現在形)　➡　깨끗합니다
   (清潔だ)　　해요体(現在形)　　➡　깨끗해요
   　　　　　　한다体　　　　　　➡　깨끗하다

6) 시간이 있다　합니다体(現在形)　➡　시간이 있습니다
   (時間がある)　해요体(現在形)　➡　시간이 있어요
   　　　　　　　한다体　　　　　➡　시간이 있다

7) 갈 시간+이다　합니다体(現在形)　➡　갈 시간입니다
   (行く時間+だ)　해요体(現在形)　➡　갈 시간이에요
   　　　　　　　　한다体　　　　　➡　갈 시간이다

8) 못 가다+겠　합니다体(現在形)　➡　못 가겠습니다
   (行けない+겠)　해요体(現在形)　➡　못 가겠어요
   　　　　　　　한다体　　　　　➡　못 가겠다

9) 살았다　　　합니다体(過去形)　➡　살았습니다
   (住んだ)　　해요体(過去形)　　➡　살았어요
   　　　　　　한다体　　　　　　➡　살았다

10) 먹었다　　　합니다体(過去形)　➡　먹었습니다
    (食べた)　　해요体(過去形)　　➡　먹었어요
    　　　　　　한다体　　　　　　➡　먹었다

「ハングル」能力検定試験
模擬試験

3級

筆記問題
(60分)

- 解答用のマークシートは 221 ページにあります。
- 正答一覧は 182 ページです。
- 解答と解説は 183～206 ページにあります。

1 下線部を発音どおりに表記したものを①〜④の中から1つ選びなさい。

（マークシートの1番〜3番を使いなさい）

1) 그는 중학교 때 결석한 적이 한 번도 없다.　　　　　1

　① 결석깐　　② 결썩깐　　③ 결써칸　　④ 결서칸

2) 여기는 최신 설비를 갖춘 공항이다.　　　　　2
　※갖추다：備える

　① 갈춘　　② 갇쭌　　③ 가쭌　　④ 갇춘

3) 나는 그것이 내 잘못이라는 것을 깨달았다.　　　　　3
　※깨닫다：悟る

　① 깨다라따　　② 깨달라따　　③ 깨다라타　　④ 깨따라따

2 （　　）の中に入れるのに適切なものを①〜④の中から1つ選びなさい。

（マークシートの4番〜8番を使いなさい）

1) 봄이 돼서 날씨가 많이 （ 4 ）.

① 부끄러워요　② 더러워요　③ 깨끗해요　④ 따뜻해요

2) （ 5 ） 경험해 보는 게 중요하다.

① 섭섭하더라도　　　② 실패하더라도
③ 밉더라도　　　　　④ 세도

3) 이번에 회사에서 하는 일이 실패하면 전 이 일에서 손을 （ 6 ） 생각입니다.

① 뗄　　② 넣을　　③ 넘어갈　　④ 잡힐

4) A : 저번에 설명 드린 건 다 이해하셨어요?
   B : 아, 참. 맞다. （ 7 ） 질문해야 되는 부분이 있었거든요.

① 이래 봬도　② 안 그래도　③ 아무것도　④ 저래 봬도

5) A : （ 8 ）는 게 무슨 뜻인지 아세요?
   B : 아는 사람이 많다는 거죠?

① 뒤를 보아 주다　　　② 기분이 나쁘다
③ 밥맛이 떨어지다　　④ 발이 넓다

3 （　　　）の中に入れるのに適切なものを①〜④の中から1つ選びなさい。

（マークシートの9番〜13番を使いなさい）

1) 한국에 간 적은 한 번(9) 없어요.

　①만　　　②밖에　　　③뿐　　　④만큼

2) 그 사람이 약속을 (10) 상관없다.

　①지키기는　②지키기 위해　③지키는 게　④지키건 말건

3) 부담이 (11) 아직 힘든 게 사실입니다.

　①줄어든다면　　　　②줄어들기에
　③줄어들긴 했지만　　④줄어든다거나

4) A : 잘 부탁 드리겠습니다.
　 B : (12) 잘 부탁합니다.

　①저랑　　②저야말로　③저에게다가　④저보고

5) A : 김 부장님한테 연락했어요?
　 B : 아까 전화 드렸는데 (13).

　①안 받으시던데요　　②안 받으실 거예요
　③안 받을 것 같아요　④받을 수 없어요

4 下線部と意味が最も近いものを①～④の中から1つ選びなさい。
（マークシートの14番～17番を使いなさい）

1) 노력하지 않는 사람에게는 <u>백날이 가도</u> 이러한 좋은 기회는 오지 않는다. 　14

   ①얼마든지　②왜냐하면　③어찌　④언제까지나

2) 사람들이 다 "돈이 안 된다"며 <u>발을 뺐어요</u>.　15

   ①손을 봤어요　　②눈을 줬어요
   ③머리를 흔들었어요　　④손을 뗐어요

3) <u>안 그래도</u> 그 얘기를 하려고 했었거든요.　16

   ①그러고 보니까　　②그렇잖아도
   ③그렇다고　　④그렇지만

4) <u>혹시</u> 시간 되시면 이것 좀 해 주시겠어요?　17

   ①당장　②미리　③만약에　④원래

5 ふたつの(　　　)に共通して入れることができるものを①〜④の中から1つ選びなさい。

(マークシートの18番〜20番を使いなさい)

1) ・집에 있는 아들한테 문자를 보내서 내가 (　　　) 빨래를 가져오라고 했다.
   ・올해 처음 (　　　) 빨간 고추가 잘 마르고 있다.　　　18

   ① 수출한　　　② 걸친　　　③ 거둔　　　④ 빤

2) ・짝사랑은 이제 (　　　) 하고 싶다.　　　19
   ・걔는 쉬는 날 아침엔 커피 한 잔만 있으면 (　　　) 이란다.

   ① 마지막　　　② 최고　　　③ 상관　　　④ 그만

3) ・다친 상처가 잘 낫지 않아서 두세 달이나 (　　　) 누워 있어야 했다.
   ・선생님이 된다고 할 때까지 거기 (　　　) 있어요.　　　20

   ① 가만　　　② 오래　　　③ 널리　　　④ 정확히

6 対話文を完成させるのに適切なものを①～④の中から1つ選びなさい。

（マークシートの21番～25番を使いなさい）

1) A : 자세한 내용을 확인하고 올 테니까 조금만 기다려 주세요.
   B : (　 21 　)

   ① 죄송해요. 전 갈 시간이 다 됐거든요.
   ② 도착하면 바로 전화 드릴게요.
   ③ 아니요, 백화점에 가려고요.
   ④ 약속한 장소를 잊어버렸어요.

2) A : (　 22 　)
   B : 네, 주말부터 계속 머리가 아파서요.

   ① 문제가 너무 어려우세요?
   ② 손을 다치신 거예요?
   ③ 어디 아프세요?
   ④ 피시가 고장 났어요?

3) A : 머리가 길어서 잘라야 할 것 같아요.
   B : (　 23 　)

   ① 그 사람 얘기는 항상 길어서 못 참겠어요.
   ② 미용실에 가시려고요? 지금도 예쁘신데요.
   ③ 요즘 애들은 옛날보다 다리가 긴대요.
   ④ 성적이 안 좋다는 이유로 직원을 자른다고요.

4) A : 밤새워서 드디어 해야 되는 일을 다 했어요.
   B : (　　24　　)

   ① 그럼 한숨도 못 잤다는 말이에요?
   ② 새벽에는 주무셨겠네요.
   ③ 계획을 세웠는데 못 했대요.
   ④ 어제는 잠을 못 자서 지각할 뻔했어요.

5) A : (　　25　　)
   B : 옛날 같으면 생각 나는 게, 김치나 불고기뿐이었었는데 지금은 많이 달라졌어요.

   ① 한류를 통해서 본 일본 대중 문화라는 논문이 있는데 읽을래요?
   ② 한일 관계에 관해서는 앞으로 어떤 변화가 있을 것 같아요?
   ③ 한국이라고 하면 뭐가 먼저 떠올라요?
   ④ 두 나라 문화를 비교해 보면 오히려 새로운 발견이 많아요.

7 下線部の漢字のハングル表記と同じものを①〜④の中から1つ選びなさい。

(マークシートの26番〜28番を使いなさい)

1) 否定

   ① 最終　　② 存在　　③ 専門　　④ 修正

2) 維持

   ① 幼稚園　　② 延期　　③ 作用　　④ 意識

3) 経験

   ① 発見　　② 事件　　③ 競技　　④ 教材

8 対話文を読んで、問いに答えなさい。
（マークシートの29番～32番を使いなさい）

1)
수진 : 내년쯤에 이사 갈까 생각하고 있는데 어디가 좋을 것 같아요?
윤아 : 글쎄요. 왜 이사 가려고? 지금 사는 방도 괜찮잖아요.
수진 : 네. 근데 내년 봄에 동생이 대학에 들어가게 돼서 같이 살려고요.
윤아 : 그러면 넓은 방이 좋겠네요. 어디가 좋을까요?
　　　 지금보다는 음식점이라든가 여러 시설이 많은 데가 좋지 않나요? 동생은 뭐래요?
수진 : 어디든지 상관없대요.
윤아 : 그래요? 그렇다면 오히려 머리가 아프네요.
수진 : 그러니까요. 동생은 아직 (　29　) 내가 알아서 해야 되겠어요.

【問1】（　29　）に入れるのに最も適切なものを①～④の中から1つ選びなさい。

① 이사할 텐데
② 이사한 적이 없으니까
③ 이사하는 김에
④ 이사하기 싫다고 하니까

【問2】 対話の内容と一致するものを①～④の中から1つ選びなさい。

① 윤아는 어디로 이사 가든 상관없다고 했다.
② 수진 동생은 이사하고 싶지 않다고 했다.
③ 수진은 윤아한테 어디로 이사하면 좋을 것 같냐고 물었다.
④ 윤아는 지금 사는 넓은 방보다 좁은 방이 좋다고 했다.

2)

성용 : 미키 씨, 여기예요! 여기!
미키 : 많이 기다렸죠? 핸드폰을 집에다 놓고 와서 늦을 거라는 연락도 못 했어요.
성용 : 몇 번 전화해도 안 받고 문자 보내도 아무 연락이 없으니까 걱정했어요.
미키 : 미안해요. 전화하려고 했는데 번호를 몰라서.
성용 : 아, 그러네요. 지금은 (　31　) 연락도 할 수 있으니까……
미키 : 다음부터는 연락처를 따로 적어 놓을게요.

【問1】 (　31　)に入れるのに最も適切なものを①～④の中から1つ選びなさい。　31

① 핸드폰이 없으면
② 인터넷이 있기 때문에
③ 피시방에 갔다가
④ 핸드폰이 있어야지

【問2】 対話の内容と一致するものを①～④の中から1つ選びなさい。　32

① 성용하고 미키는 나가는 길에 만났다.
② 성용은 기다리는 동안에 많이 걱정했다고 했다.
③ 미키는 성용이 보낸 문자를 잘 받았다고 했다.
④ 둘은 약속했는데도 결국 못 만났다.

9 文を読んで、【問1】～【問3】に答えなさい。
（マークシートの33番～35番を使いなさい）

　한국 친구랑 통화를 하다가 "트로피 남편"이라는 말이 나왔다. 나는 무슨 뜻인지 몰라서 친구한테 그게 무슨 뜻이냐고 물었다. 친구는 그 말이 원래는 미국에서 새로 생겨난 신조어인데 (33) 아내 대신 집안일과 육아를 책임지는 남편을 뜻하는 말이라고 설명해 줬다.

　한국에서는 이 몇 년 사이에 인터넷의 발달로 신조어의 수가 굉장히 늘어났다. 한국어를 공부하는 내 입장에서 보면 사전에 없는 말이 자꾸 나오는 것은 곤란한 일이지만 신조어가 만들어지는 것은 자연스러운 현상이라고 할 수 있을 것이다. 언어라는 것은 살아 있는 것이고 사전에만 있는 것이 아니다. 그리고 그 사회가 변화해서 이전에 없었던 생각이나 사물이 새로 생겨나면서 그것에 대한 말이 새로 만들어지는 것은 당연하기 때문이다.

※하다가：～していて、트로피：トロフィー、신조어：新造語、곤란하다：困る

【問1】（ 33 ）に入れるのに適切なものを①～④の中から1つ選びなさい。　　　　　　　　　　　　　　　　33

①그렇지 않아도
②그것뿐만 아니라
③안 그래도
④쉽게 말하자면

【問2】 本文で取り上げていない内容を①〜④の中から1つ選びなさい。　34

① 사전에 안 나와 있는 단어
② 새로운 사전 개발
③ 언어에 대한 생각
④ 새로 만들어진 표현

【問3】 本文の内容と一致するものを①〜④の中から1つ選びなさい。　35

① 한국의 가족 형태는 완전히 바뀌었다.
② 인터넷을 통해 새로운 문제가 생겼다.
③ 말은 사전에 있는대로 바르게 써야 한다.
④ 새로운 단어가 나오는 것은 이상한 일이 아니다.

10 下線部の表現を文脈に合わせて訳した場合、適切なものを①～
④の中から1つ選びなさい。

（マークシートの36番～38番を使いなさい）

1) 그 그림에 그려져 있는 사람이 조선 시대의 인물인 것은 <u>틀림없을 것이다</u>.　　36

① 誤りである
② 間違いないだろう
③ 間違っているはずです
④ 誤りでしょう

2) 지금까지 <u>그리 큰 변화는 없지 않았을까</u> 하는 생각이 들었다.　　37

① そちらに大きな変化はありませんでしたか
② それほど大きな病気にはかからなかったのではないだろうか
③ そちらで大きな病気にかからなかったか
④ さほど大きな変化はなかったのではないだろうか

3) 열차가 자주 있는지는 <u>가 봐야 알죠</u>.　　38

① 行ってから調べてください
② 行ってみても分からないでしょう
③ 行ってみないと分からないでしょう
④ 行ってみなければなりません

11 下線部の訳として適切なものを①～④の中から1つ選びなさい。
（マークシートの39番～41番を使いなさい）

1) 証拠が発見されたとのことですが。　　　　　　　39

　① 발견됐다 던데요
　② 발견되던가요
　③ 발견됐대요
　④ 발견한답니다

2) そんなところに誰が来いと言うんですか？　　　　40

　① 누가 오냐고요?
　② 누가 오재요?
　③ 누가 오래요?
　④ 누가 온대요?

3) おめでとうございます。お幸せに。　　　　　　　41

　① 행복하래요
　② 행복하시기를 바라요
　③ 행복한 게 좋아요
　④ 행복할 수 밖에 없어요

「ハングル」能力検定試験
模擬試験

3級

聞取問題
(30分)

- CDの音声を聞いて、解答をマークシートに記入してください。
- 解答用のマークシートは221ページにあります。
- 正答一覧は207ページです。
- 解答と解説は208〜220ページにあります。

CD2 3 ～ CD2 6

1 短い文を2回読みます。その文を正しく表記したものを①～④の中から1つ選んでください。

解答はマークシートの1番～3番にマークしてください。

（空欄はメモをする場合にお使いください）

1) (   ).　　　　　　　1

　① 삼월에 비하면 많이 따뜻해졌네요
　② 사월에 비하면 많이 따뜻해졌네요
　③ 삼월과 비교하면 많이 따뜻해졌어요
　④ 사월과 비교하면 많이 따뜻해졌어요

2) (   ).　　　　　　　2

　① 입원한 후에 알게 됐대요
　② 입학한 후에 알게 됐대요
　③ 입학한 후에 알게 됐어요
　④ 입원한 후에 알게 됐어요

3) (   )?　　　　　　　3

　① 누가 먼저 해야 돼요
　② 누가 먼저 가야 돼요
　③ 누가 먼저 해야 되죠
　④ 누가 먼저 가야 되죠

2 短い文と選択肢を2回ずつ読みます。文の内容に合うものを①～④の中から1つ選んでください。
解答はマークシートの4番～7番にマークしてください。
（空欄はメモをする場合にお使いください）

1) _____ 4
　① _____　② _____　③ _____　④ _____

2) _____ 5
　① _____　② _____　③ _____　④ _____

3) _____ 6
　① _____　② _____　③ _____　④ _____

4) _____ 7
　① _____　② _____　③ _____　④ _____

CD2 12 〜 CD2 16

3 短い文を2回読みます。引き続き4つの選択肢も2回ずつ読みます。応答文として適切なものを①〜④の中から1つ選んでください。解答はマークシートの8番〜11番にマークしてください。
（空欄はメモをする場合にお使いください）

1) _____ ☐ 8

　① _____　② _____

　③ _____　④ _____

2) _____ ☐ 9

　① _____　② _____

　③ _____　④ _____

3) _____ ☐ 10

　① _____　② _____

　③ _____　④ _____

4) _____ ☐ 11

　① _____　② _____

　③ _____　④ _____

4 文を聞いて、その一部分の日本語訳として適切なものを①〜④の中から1つ選んでください。問題は2回読みます。
解答はマークシートの12番〜14番にマークしてください。
（空欄はメモをする場合にお使いください）

1) _____ 12

① ちょっと聞こえました
② ちょっと寄りました
③ 少し入れました
④ 少し巻きました

2) _____ 13

① 財産がありません
② 場所がないんです
③ 将来が心配です
④ 商売がうまくいきません

3)
　　　　　　　　　　　　　　　　　　　　　　　　　　　　　　　　14

①お会いしても
②会ってみると
③ああ見えても
④お会いしたくても

5

①～④の選択肢を2回ずつ読みます。下線部の訳として適切なものを1つ選んでください。
解答はマークシートの15番～18番にマークしてください。
（空欄はメモをする場合にお使いください）

1) 財布を<u>うっかり持ってきませんでした</u>。　　　　　　　15

① ....
② ....
③ ....
④ ....

2) 大丈夫ですか？　<u>しっかりしてください</u>。　　　　　　16

① ....
② ....
③ ....
④ ....

3) 今年の夏は暑くてたまりませんね。　　　　　　　　　　　17

　　① ……………………………………………………………………………
　　② ……………………………………………………………………………
　　③ ……………………………………………………………………………
　　④ ……………………………………………………………………………

4) そうでなくてもお忙しいはずなのに。　　　　　　　　　　18

　　① ……………………………………………………………………………
　　② ……………………………………………………………………………
　　③ ……………………………………………………………………………
　　④ ……………………………………………………………………………

6

問題文を2回ずつ読みます。①～④の中から文章の内容に合うものを1つ選んでください。

解答はマークシートの19番と20番にマークしてください。

（空欄はメモをする場合にお使いください）

1)

19

① 이 회사는 미국에서 들어온 물건을 관리한다.
② 일본 상품을 외국에 파는 게 내 일이다.
③ 나는 내년에 회사를 옮길 생각이다.
④ 나는 수출을 하는 것에도 관심이 있다.

2)

20

① 용기를 내서 외국인에게 말을 걸었다.
② 일본 사람은 잘못을 무서워한다는 말이 있다.
③ 외국 사람보다 일본 사람이 더 적극적이다.
④ 행동하기 전에 나쁜 결과만을 상상하면 안 된다.

「ハングル」能力検定試験 模擬試験・筆記問題
正答一覧

問題	問	解答番号	正解	配点
1	1)	1	③	1
1	2)	2	④	1
1	3)	3	①	1
2	1)	4	④	1
2	2)	5	②	1
2	3)	6	①	1
2	4)	7	②	1
2	5)	8	④	1
3	1)	9	②	1
3	2)	10	④	1
3	3)	11	③	1
3	4)	12	②	1
3	5)	13	①	1
4	1)	14	④	2
4	2)	15	④	2
4	3)	16	②	2
4	4)	17	③	2
5	1)	18	③	1
5	2)	19	④	1
5	3)	20	①	1
6	1)	21	①	2
6	2)	22	③	2
6	3)	23	②	2
6	4)	24	①	2
6	5)	25	③	2
7	1)	26	④	2
7	2)	27	①	2
7	3)	28	③	2
8	1)-1	29	②	2
8	1)-2	30	③	2
8	2)-1	31	④	2
8	2)-2	32	②	2
9	1)	33	④	2
9	2)	34	②	2
9	3)	35	④	2
10	1)	36	②	1
10	2)	37	④	1
10	3)	38	③	1
11	1)	39	①	1
11	2)	40	③	1
11	3)	41	②	1

「ハングル」能力検定試験 模擬試験・筆記問題
解答と解説

　筆記試験の時間は60分です。この時間内に11の大問（約40問）を解き進めていくことになります。60分というと、ある程度時間があるように感じるかもしれません。しかし、11問の大問で割ると、実は大問1つあたり5分ほどしか（見直しの時間も含め）時間をかけることができないのです。あせって解き進める必要はありませんが、答えに迷う問題はとりあえず印をつけた上で後回しにし、どんどん解き進めていってください。筆記問題は解く順番も決まっていませんので、解きやすそうなところから解いていくことも可能です。

　3級ではマークシートを使用します。1問解くごとに1つずつマークしていく方法もありますが、マークミスを防ぐことや時間短縮の点を考えると、問題を解く際には問題冊子の選択肢に丸をつけておき、試験終了10分前にまとめてマークシートに書き写す方法もあります。こうすることによって、自分がどの答えを選んだかが一目でわかり、なおかつ1問ずらしてマークしてしまうというような「事故」も防ぐことができます。

1　下線部を発音どおりに表記したものを選ぶ問題です。選択肢の中には、正答と取り違えてしまうような紛らわしいものが提示されますが、順序を踏んで解いていけば、ミスを防ぐことができるでしょう。

　※　　　部分は、発音変化が起こっている部分です（P.125 〜 P.127参照）。

1)

그는 중학교 때 결석한 적이 한 번도 없다.
彼は中学の時、欠席したことが一度もない。

正　　解　③ 결써칸

重要ポイント　〈濃音化〉+〈激音化〉。「결석（欠席）」の部分では、〈漢字語における濃音化〉が起こっています〈漢字語における濃音化〉とは、漢字語において、終声（パッチム）ㄹ の直後の平音が濃音化する現象です。したがって「결석」の発音は［결썩］となります。その次に「결석」の終声 ㄱ と「한」の初声 ㅎ の間で〈激音化〉が起こり、［칸］と発音されます。したがって、正解は③の결써칸。

⇒ 결석하다（欠席する）、-ㄴ 적이 없다（〜したことがない）

2)

여기는 최신 설비를 <u>갖춘</u> 공항이다.
ここは最新設備を備えた空港だ。

正　　解　④ 갇춘

重要ポイント　「갖춘」の「갖」の終声は ㅈ ですが、発音は［갇］。終声の「ㄷ, ㅌ, ㅅ, ㅆ, ㅈ, ㅊ, ㅎ」は、単独で発音される際には全て［ㄷ］で発音されることを、再度確認しておきましょう。

⇒ 설비（設備）、갖추다（備える、整える）、공항（空港）

3)

나는 그것이 내 잘못이라는 것을 <u>깨달았다</u>.
私は、それが私の間違いだということを悟った。

正　　解　① 깨다라따

重要ポイント　〈連音化〉+〈濃音化〉。「깨달았다」の「달」と「았」の間で〈連音化〉が起こっています。さらに、「았」の発音は［앋］なので、次の「다」の初声 ㄷ が濃音化します。これらを合わせると発音は［깨다라따］となります。

⇒ 잘못（誤り、間違い）、깨닫다（悟る）

2

カッコの中に入れるのに適切なものを選ぶ問題です。単語だけではなく、連語や慣用句をどれだけ理解しているかも問われる、語彙に関する総合的な問題です。

1)

봄이 돼서 날씨가 많이 (④ 따뜻해요).
春になって天気がずいぶん暖かいです。
① 부끄러워요(基本形：부끄럽다　意味：恥ずかしい)
② 더러워요(基本形：더럽다　意味：汚い)
③ 깨끗해요(基本形：깨끗하다　意味：清潔だ、きれいだ)
④ 따뜻해요(基本形：따뜻하다　意味：暖かい)

重要ポイント　3級で出題される可能性がある形容詞を正確に把握していれば、解ける問題です。単語を覚える際には、動詞、形容詞、副詞のように品詞に分けて覚えるという方法もありますので、参考にしてみてください。

➡ 따뜻하다(暖かい)

2)

(② 실패하더라도) 경험해 보는 게 중요하다.
失敗しても経験してみることが重要だ。
① 섭섭하더라도(基本形：섭섭하다　意味：名残惜しい)
② 실패하더라도(基本形：실패하다　意味：失敗する)
③ 밉더라도(基本形：밉다　意味：憎い)
④ 세도(基本形：세다　意味：強い)

重要ポイント　この問題は、「-더라도(〜しても、〜であっても)」という語尾だけを知っていても、語彙力がないと解くことができません。語彙と文法を盛り込んだ短いフレーズや例文を作って覚えるのもおすすめです。

➡ -더라도(〜しても、〜であっても)、경험(経験)、-아/어 보다(〜してみる)、중요하다(重要だ)

3)

이번에 회사에서 하는 일이 실패하면 전 이 일에서 손을 (① 뗄) 생각입니다.

今回、会社でやっている仕事が失敗したら、私はこの仕事から手を引くつもりです。

① 뗄 (基本形：떼다　意味：断つ、引き離す、取り外す)
② 넣을 (基本形：넣다　意味：入れる)
③ 넘어갈 (基本形：넘어가다　意味：越えていく、倒れる)
④ 잡힐 (基本形：잡히다　意味：捕まる、つかまれる)

重要ポイント　選択肢①～④の動詞は、いずれも「손(手)」と結びついて慣用句となります。①は「손을 떼다(手を引く)」、②「손에 넣다(手に入れる)」、③「손에 넘어가다(他人の手に渡る・落ちる)」、④「손에 잡히다(〈仕事などが〉手につく)」。しかし②～④は、いずれも助詞が「에」でなければならないため、不正解です。この問題のように、(　　　)以外の部分に、正解への大きなヒントが隠れている場合がありますので、注意しましょう。

➲ 이번(今回、今度)、실패(失敗)

4)

A：저번에 설명 드린 건 다 이해하셨어요?
B：아, 참. 맞다. (② 안 그래도) 질문해야 되는 부분이 있었거든요.

A：前回説明差し上げたことは、全部理解されましたか？
B：あ、そうだ。そうじゃなくても、質問しなければならない部分があったんですよ。

① 이래 봬도 (意味：こう見えても)
② 안 그래도 (意味：そうじゃなくても)
③ 아무것도 (意味：何も〈～ない〉)
④ 저래 봬도 (意味：ああ見えても)

重要ポイント　慣用句の問題です。3級の学習範囲には、「文の流れを決定づける意味を持つ慣用句」がいくつかあります。単語や短文だけで学習していると見逃してしまいがちな部分なので、今一度見直すとよいでしょう。

➲ 설명(説明)、이해하다(理解する)、질문하다(質問する)

5)

A：(④ 발이 넓다)는 게 무슨 뜻인지 아세요?
B：아는 사람이 많다는 거죠?
A：顔が広いというのは、どういう意味かご存知ですか？
B：知り合いが多いということですよね？

① 뒤를 보아 주다 (意味：後押しする、面倒をみる)
② 기분이 나쁘다 (意味：不快だ)
③ 밥맛이 떨어지다 (意味：食欲がない)
④ 발이 넓다 (意味：顔が広い)

重要ポイント　④の「발이 넓다」は、直訳すると「足が広い」ですが、これで日本語の「顔が広い」という慣用句と同じ意味を表します。日本語とのズレが大きいものから覚えていくのも、ひとつの学習方法です。

➲ 무슨(何の)、뜻(意味)

3

3級レベルの語尾や慣用表現などへの理解力が問われる問題です。

1)

한국에 간 적은 한 번(② 밖에) 없어요.
韓国に行ったことは一度しかありません。

① 만 (～だけ、～ばかり)
② 밖에 (～しか〈ない〉)
③ 뿐 (～のみ、～だけ)
④ 만큼 (～ほど、～くらい)

重要ポイント　正解の「밖에」が、選択肢①만や③뿐と似た意味を持つと思われるかもしれませんが、「밖에」は否定の表現とともに用いられます。この問題では、「-ㄴ 적 없다(～したことがない)」とあるので、②が正解となります。

2)

그 사람이 약속을 (④ 지키건 말건) 상관없다.
その人が約束を守ろうが守るまいが関係ない。

① 지키기는(守るのは)
② 지키기 위해(守るために)
③ 지키는 게(守るのが)
④ 지키건 말건(守ろうが守るまいが)

重要ポイント　「-기는」は「〜することは」。「지키기는」で「守るのは」「守ることは」を意味します。「-기 위해」は「〜するために」。「지키기 위해」で「守るために」となります。また、「-는 게」は、「-는 것이」の縮約形です。正解④の「-건 말건」は「〜しようとしまいと」「〜であろうとなかろうと」。「지키건 말건」で「守ろうと守るまいと」「守ろうが守るまいが」。

⇒ 지키다(守る)、상관없다(関係ない、気にかけない)

3)

부담이 (③ 줄어들긴 했지만) 아직 힘든 게 사실입니다.
負担が減りはしましたが、まだ辛いのが事実です。

① 줄어든다면(減るなら)
② 줄어들기에(減るので)
③ 줄어들긴 했지만(減りはしたが)
④ 줄어든다거나(減るとか)

重要ポイント　選択肢には全て「줄어들다(減る、少なくなる)」が用いられていますが、後続の語尾が異なっています。そのため、一つひとつの語尾の意味を正確に理解しておかないと、正解にはたどり着けません。「-ㄴ다면」は「〜なら」「〜と言うなら」、「-기에」は「〜ので」「〜だから」、「-긴 하지만」は「-기는 하지만」の縮約形で「〜することはするが」、「-ㄴ다거나」の「-거나」は「〜するとか」です。

⇒ 부담(負担)、줄어들다(減る、少なくなる)、사실(事実)

4)

A : 잘 부탁 드리겠습니다.
B : (② 저야말로) 잘 부탁합니다.

A : よろしくお願い申し上げます。
B : 私こそ、よろしくお願いします。

① 저랑(私と)
② 저야말로(私こそ)
③ 저에게다가(私に)
④ 저보고(私に)

重要ポイント　助詞の問題です。「-랑」は「〜と」という意味で、会話で用いられることが多く、同じ意味の助詞には「-하고」、「-와/-과」があります。また、「-야말로」は「〜こそ(は)」という強調の意味を表します。「-에게다가」は書き言葉で多く用いられ、意味は「〜に」「〜に対して」です。「-보고」は人名や人称代名詞について「〜に」「〜に向かって」「〜に対して」という意味です。

➲ -야말로（〜こそ〈は〉）

5)

A : 김 부장님한테 연락했어요?
B : 아까 전화 드렸는데 (① 안 받으시던데요).

A : キム部長に連絡しましたか？
B : さっき電話差し上げたのですが、お取りになりませんでしたが。

① 안 받으시던데요(お取りになりませんでしたが)
② 안 받으실 거예요(お取りにならないでしょう)
③ 안 받을 것 같아요(取らないでしょう)
④ 받을 수 없어요(取ることができません)

重要ポイント　①の「-던데요」は、「〜ていたのですが」「〜ていたのに」「〜だったのですが」。②の「-ㄹ 거예요」は、「〜するでしょう」「〜すると思います」という慣用表現です。③の「-ㄹ 것 같아요」は、「〜しそうです」「〜のようです」、④の「-ㄹ 수 없어요」は、「〜することができません」という慣用表現です。

➲ 연락하다（連絡する）、아까（さっき）

4 下線部と意味が最も近いものを選ぶ問題です。置き換え可能なもの、類似した意味を持つものは、ばらばらに覚えず、まとめて覚えるようにしましょう。

1)

노력하지 않는 사람에게는 <u>백날이 가도</u> 이러한 좋은 기회는 오지 않는다.
努力しない人には、いつまでもこんな良い機会は来ない。
① 얼마든지(いくらでも)
② 왜냐하면(なぜなら)
③ 어찌(どうして)
④ 언제까지나(いつまでも)

　　正　　解　　　④ 언제까지나
　重要ポイント　　正解の④「백날이 가도(いつまでも)」は、慣用句です。慣用句は、語彙や文法の学習を進めていくうちに、ついつい見落としてしまいがちな部分です。3級レベルの慣用句については、『上級トハギ』を参考にしてください。

➲ 노력하다(努力する)、백날이 가도(いつまでも)、기회(機会、チャンス)

2)

사람들이 다 "돈이 안 된다"며 <u>발을 뺐어요</u>.
(他の)人たちは皆、「お金にならない」と手を引きました。
① 손을 봤어요(基本形 : 손을 보다　意味 : 手を加える、手入れする)
② 눈을 줬어요(基本形 : 눈을 주다　意味 : 目を向ける)
③ 머리를 흔들었어요(基本形 : 머리를 흔들다　意味 : 否定する、拒絶する)
④ 손을 뗐어요(基本形 : 손을 떼다　意味 : 手を引く)

　　正　　解　　　④ 손을 뗐어요
　重要ポイント　　意味の似た慣用句を選ぶ問題です。問題文の「발을 빼다」は、直訳すると「足を抜く」ですが、「手を引く」という意味になります。

➲ 발을 빼다(手を引く)

3)

안 그래도 그 얘기를 하려고 했었거든요.
そうじゃなくても、その話をしようとしていたんですよ。
① 그러고 보니까(そういえば、言われてみると)
② 그렇잖아도(そうじゃなくても)
③ 그렇다고(だからといって)
④ 그렇지만(だけど、しかし)

正　解　② 그렇잖아도

重要ポイント　慣用句の問題です。選択肢は全て「그러」からはじまっていますが、それぞれの意味を混同しないようにしてください。音をなんとなく覚えるのではなく、何度も発音しながら書いたり、例文の形にして覚えるとよいでしょう。

⮕ -려고 하다(〜しようとする)

4)

혹시 시간 되시면 이것 좀 해 주시겠어요?
もしお時間があったら、ちょっとこれやってくださいますか?
① 당장(すぐ)
② 미리(あらかじめ、前もって)
③ 만약에(もし、万一)
④ 원래(そもそも、もともと)

正　解　③ 만약에

重要ポイント　問題文「시간(이) 되다」の「되다」は、「構わない」「大丈夫だ」という意味で、「시간(이) 되시면」で「お時間が大丈夫なら」「お時間が構わなければ」となります。「-이/가 되다」で「〜になる」という意味になるため、「お時間になったら」とも解釈することが可能ですが、この場合は当てはまりません。
(例: 시간이 됐어요 時間になりました)

⮕ 혹시(万一、もしも)

5 2つの文に共通して入れることができるものを選ぶ問題です。

1)

- 집에 있는 아들한테 문자를 보내서 내가 (③ 거둔) 빨래를 가져오라고 했다.

  家にいる息子に携帯メールを送って、私が取り込んだ洗濯物を持ってくるように言った。

- 올해 처음 (③ 거둔) 빨간 고추가 잘 마르고 있다.

  今年初めて収穫した唐辛子がよく乾いている。

① 수출한 (基本形：수출하다　意味：輸出する)
② 걸친 (基本形：걸치다　意味：ひっかける)
③ 거둔 (基本形：거두다　意味：取り込む、収穫する)
④ 빤 (基本形：빨다　意味：洗濯する)

重要ポイント　「거두다」には、「収穫する」「世話をする」「手入れする」「寄せ集める」といった意味があります。「가져오라고 했다」は、「가져오다 (持ってくる)」に「-(으)라고 했다 (~しなさいと、~しろと言った)」がついた形です。

➲ 문자 (携帯メール)、마르다 (乾く)

2)

- 짝사랑은 이제 (④ 그만) 하고 싶다.

  片想いはもう終わりにしたい。

- 걔는 쉬는 날 아침엔 커피 한 잔만 있으면 (④ 그만)이란다.

  その子は、休みの日の朝には、コーヒー1杯さえあれば十分だという。

① 마지막 (最後)
② 최고 (最高)
③ 상관 (関係)
④ 그만 (それぐらいで)

重要ポイント　「그만」は「それぐらいで」という意味ですが、「그만이다」の形で「終わりだ」、あるいは「十分だ」「満足だ」「最高だ」という意味になります。ちなみに、「それぐらいで」という意味で用いられる場合には、「그만 먹어요(食べるのはそのくらいにしましょう)」のように、그만 のあとに来る動作などを「そのくらいにする」「そのくらいでやめる」のように使われます。

⮕ 쉬는 날(休みの日)

3)

・다친 상처가 잘 낫지 않아서 두세 달이나 (①가만) 누워 있어야 했다.
　けがをした傷がよく治らず、2、3ヵ月も静かに寝ていなければならなかった。

・선생님이 된다고 할 때까지 거기 (①가만) 있어요.
　先生がいいと言う時まで、そこにじっとしていてください。

①가만(そっと、そのままに)
②오래(長く)
③널리(広く)
④정확히(正確に)

重要ポイント　「가만」は「そっと」「そのままに」のほかに、「가만 있다」で「じっとしている」「黙っている」という意味があります。また、「가만 있자」「가만 있어」「가만 있어 봐」の形で「えー」「えっと」「はて」という慣用句もあります。

⮕ 다치다(けがをする)、상처(傷)、낫다(治る)、두셋(2・3、二つか三つ)、눕다(横たわる)

6 対話文の一方を提示し、それに対して適切な質問文、あるいは応答文などを選ぶ問題です。

1)

A : 자세한 내용을 확인하고 올 테니까 조금만 기다려 주세요.
　　詳しい内容を確認して来ますから、少しだけ待ってください。
B : (① 죄송해요. 전 갈 시간이 다 됐거든요.)
　　申し訳ありません。私、行く時間になってしまったんです。

① 죄송해요. 전 갈 시간이 다 됐거든요.
　(申し訳ありません。私、行く時間になってしまったんです。)
② 도착하면 바로 전화 드릴게요.
　(到着したら、すぐにお電話差し上げますね。)
③ 아니요, 백화점에 가려고요.
　(いいえ、デパートに行こうと思いまして。)
④ 약속한 장소를 잊어버렸어요.
　(約束した場所を忘れました。)

重要ポイント 「시간이 다 되다」は、直訳すると「時間が全てなる」ですが、「다 되다」で「予定量に達する」「ほとんど出来上がる」という意味になるので、この文の場合は「時が満ちる」「時間になる」となります。

⊃ 확인하다(確認する)、-ㄹ 테니까(～から)

2)

A : (③ 어디 아프세요?)
　　どこか具合がお悪いんですか？
B : 네, 주말부터 계속 머리가 아파서요.
　　ええ、週末からずっと頭が痛くて。

① 문제가 너무 어려우세요? (問題が難しすぎますか？)
② 손을 다치신 거예요? (手をけがされたんですか？)

③ 어디 아프세요? (どこか具合がお悪いんですか？)
④ 피시가 고장 났어요? (パソコンが故障したんですか？)

　重要ポイント　選択肢①の「어려우세요?」の基本形は「어렵다」。어렵다は【ㅂ変格活用】の用言なので、この場合のように「-(으)세요」が続くと「어려우」となります。「故障する」は「고장(이) 나다 (直訳：故障が出る)」です。

⤵ 어디 (どこか)、아프다 (痛い、具合が悪い)

3)

A : 머리가 길어서 잘라야 할 것 같아요.
　　髪が伸びたので、切らなきゃならないみたいです。
B : (2 미용실에 가시려고요? 지금도 예쁘신데요.)
　　美容室に行かれるんですか？ 今 (のままで) もおきれいですよ。

① 그 사람 얘기는 항상 길어서 못 참겠어요.
　 (その人の話は、いつも長くて我慢できません。)
② 미용실에 가시려고요? 지금도 예쁘신데요.
　 (美容室に行かれるんですか？ 今〈のままで〉もおきれいですよ。)
③ 요즘 애들은 옛날보다 다리가 긴대요.
　 (最近の子たちは、昔よりも足が長いそうです。)
④ 성적이 안 좋다는 이유로 직원을 자른다고요.
　 (成績が悪いという理由で、職員を解雇するんだそうです。)

　重要ポイント　「髪が伸びる」は「머리가 길다」です。「切る」は「자르다」ですが、これは【르変格活用】の用言なので、「-아/어」で始まる語尾が続く場合には「잘라」となります。

⤵ 자르다 (切る)

4)

A : 밤새워서 드디어 해야 되는 일을 다 했어요.
　　徹夜して、ついにしなければならないことを全部やりました。

B : (①그럼 한숨도 못 잤다는 말이에요?)
　じゃあ、一睡もしていないってことですか？

---

① 그럼 한숨도 못 잤다는 말이에요?
　（じゃあ、一睡もしていないってことですか？）
② 새벽에는 주무셨겠네요.
　（明け方には休まれたのでしょうね。）
③ 계획을 세웠는데 못 했대요.
　（計画を立てたけど、できなかったそうです。）
④ 어제는 잠을 못 자서 지각할 뻔했어요.
　（昨日は眠れなくて、遅刻するところでした。）

　重要ポイント　「한숨」は「一休み」「一息」、「(잠을) 못 자다」は「眠れない」で、合わせて「一睡もできない」という意味です。③の「計画を立てる」の基本形は「계획을 세우다」。④の「-ㄹ 뻔하다」は「～(する)ところだ」「～(し)そうだ」。ここでは過去形で使われ、「-ㄹ 뻔했다」で「～するところだった」という意味です。

⇒ 밤새우다(徹夜する、夜を明かす)、드디어(ついに)

5)

A : (③ 한국이라고 하면 뭐가 먼저 떠올라요?)
　韓国といえば、何がまず思い浮かびますか？
B : 옛날 같으면 생각 나는 게, 김치나 불고기뿐이었었는데 지금은 많이 달라졌어요.
　昔だったら、思い浮かぶのはキムチやプルコギだけでしたが、今はずいぶん変わりました。

---

① 한류를 통해서 본 일본 대중 문화라는 논문이 있는데 읽을래요?
　（韓流を通して見た日本の大衆文化という論文があるんですけど、読みますか？）
② 한일 관계에 관해서는 앞으로 어떤 변화가 있을 것 같아요?
　（日韓関係に関しては、今後どんな変化がありそうでしょうか？）
③ 한국이라고 하면 뭐가 먼저 떠올라요?
　（韓国といえば、何がまず思い浮かびますか？）

④두 나라 문화를 비교해 보면 오히려 새로운 발견이 많아요.
（２つの国の文化を比較してみると、むしろ新しい発見が多いです。）

重要ポイント　「-라고 하면」は「〜といえば」。「떠오르다（浮かぶ）」は【르変格活用】の用言なので、「-아/어」で始まる要素が続くときには語幹の「떠오르」が「떠올라」になります。「-를 통해서」は「〜を通して」、「-을 것 같다」は「〜（し）そうだ、〜のようだ」という慣用表現です。

➡ 떠오르다（浮かぶ）、-뿐（〜だけ、〜のみ）、한류（韓流）、대중（大衆）、논문（論文）、-을래요?（〜〈し〉ますか?）、변화（変化）、비교（比較）、발견（発見）

7　漢字のハングル表記を問う問題です。この形式の問題は、4・5級では取り扱われず、3級で初めて出題されます。日本語では同じ音で読むが韓国語では違うもの、あるいは韓国語での読み方が類似したものは、特に混同しがちなので注意が必要です。漢字語の日本語読みと韓国語読みの対応ルールについては、P.128〜P.135を参考にしてください。

1)

否定　　　①最終　　　②存在　　　③専門　　　④修正
부정　　　최종　　　　존재　　　　전문　　　　수정

　　　正　解　　④ 修正

정と読む3級レベルの単語　家庭 가정　　感情 감정　　過程 과정　　事情 사정
人情 인정　　一定 일정　　停留場 정류장　　整理 정리　　情報 정보
政府 정부　　正常 정상　　精神 정신　　政治 정치　　正確 정확
表情 표정

2)

維持　　　①幼稚園　　②延期　　　③作用　　　④意識
유지　　　유치원　　　연기　　　　작용　　　　의식

正　解　① 幼稚園

유と読む3級レベルの単語　余裕 여유　　瑠璃 유리　　有名 유명　　幼児 유아
遊園地 유원지　　自由 자유

3)

経験　　　① 発見　　　② 事件　　　③ 競技　　　④ 教材
경험　　　　발견　　　　사건　　　　경기　　　　교재

正　解　③ 競技

경と読む3級レベルの単語　環境 환경　　経営 경영　　競争 경쟁　　警察 경찰
景致(景色) 경치　　傾向 경향　　背景 배경　　神経 신경

8　対話文を読んで、問いに答える問題です。内容を正確に把握しているかが問われます。

1)

수진 : 내년쯤에 이사 갈까 생각하고 있는데 어디가 좋을 것 같아요?
　　　来年ぐらいに引っ越そうかと思っているんですけど、どこがいいと思いますか？
윤아 : 글쎄요. 왜 이사 가려고? 지금 사는 방도 괜찮잖아요.
　　　そうですねえ。どうして引っ越すんですか？ 今、住んでいる部屋も良いじゃないですか。
수진 : 네. 근데 내년 봄에 동생이 대학에 들어가게 돼서 같이 살려고요.
　　　ええ。でも来年の春に妹が大学に入ることになって、一緒に住もうと思いまして。
윤아 : 그러면 넓은 방이 좋겠네요. 어디가 좋을까요?
　　　じゃあ、広い部屋が良いですね。どこがいいでしょう？
　　　지금보다는 음식점이라든가 여러 시설이 많은 데가 좋지 않나요? 동생은 뭐래요?

　　　　今よりは、飲食店とかいろいろな施設が多いところがいいんじゃないですか？　妹さんは何て言ってるんですか？

수진: 어디든지 상관없대요.
　　　どこでも構わないそうです。

윤아: 그래요? 그렇다면 오히려 머리가 아프네요.
　　　そうなんですか？　だとしたらかえって頭が痛いですね。

수진: 그러니까요. 동생은 아직 (② 이사한 적이 없으니까) 내가 알아서 해야 되겠어요.
　　　そうなんですよ。妹はまだ引っ越したことがないから、私が決めないといけないんです。

➲ 이사(引っ越し)、글쎄(さあ、そうだね)、근데(しかし、ところで)、동생(妹、弟)、들어가다(入る)、넓다(広い)、음식점(飲食店)、시설(施設)、오히려(かえって、むしろ)、알아서 하다(判断して行う)

【問1】
①이사할 텐데(引っ越すはずだが)
②이사한 적이 없으니까(引っ越したことがないから)
③이사하는 김에(引っ越すついでに)
④이사하기 싫다고 하니까(引っ越したくないと言うから)

　　　正　　解　　②이사한 적이 없으니까
　重要ポイント　「-ㄴ 적이 없다」は「～したことがない」。「-ㄹ 텐데」は「～はずだが」「～のに」、「-는 김에」は「～(する)ついでに」、「-기 싫다」は「～したくない」です。

【問2】
①윤아는 어디로 이사 가든 상관없다고 했다.
　(ユナはどこに引っ越しても構わないと言った。)
②수진 동생은 이사하고 싶지 않다고 했다.
　(スジンの妹は引っ越したくないと言った。)
③수진은 윤아한테 어디로 이사하면 좋을 것 같냐고 물었다.
　(スジンはユナに、どこに引っ越したらいいだろうかと尋ねた。)
④윤아는 지금 사는 넓은 방보다 좁은 방이 좋다고 했다.
　(ユナは、今住んでいる広い部屋より狭い部屋がいいと言った。)

正　解　　③ 수진은 윤아한테 어디로 이사하면 좋을 것 같냐고 물었다.

　重要ポイント　　本文の最初の部分で、スジンがユナに「내년쯤에 이사 갈까 생각하고 있는데 어디가 좋을 것 같아요?(来年ぐらいに引っ越そうかと思っているんですけど、どこがいいと思いますか?)」と尋ねていることから、正解は③。このような対話文の問題では、どちらがどちらに対して尋ねたのか、それに対して何と答えたのかを正確に理解することが大切です。読解する際には、それらのポイントに注意してみましょう。

2)

성용 : 미키 씨, 여기예요! 여기!

　　　ミキさん、こっちです！　こっち！

미키 : 많이 기다렸죠? 핸드폰을 집에다 놓고 와서 늦을 거라는 연락도 못 했어요.

　　　お待たせしました。携帯電話を家に置いてきて、遅れるという連絡もできませんでした。

성용 : 몇 번 전화해도 안 받고 문자 보내도 아무 연락이 없으니까 걱정했어요.

　　　何度電話しても取らないし、携帯メールを送っても何の連絡もないから心配しました。

미키 : 미안해요. 전화하려고 했는데 번호를 몰라서.

　　　ごめんなさい。電話しようとしたんですけど、番号が分からなくて。

성용 : 아, 그러네요. 지금은 (④ 핸드폰이 있어야지) 연락도 할 수 있으니까…….

　　　あ、そうですね。今は携帯電話がないと連絡もできないから……。

미키 : 다음부터는 연락처를 따로 적어 놓을게요.

　　　次からは連絡先を別に書いておきますね。

【問1】
① 핸드폰이 없으면(携帯電話がなければ)
② 인터넷이 있기 때문에(インターネットがあるので)
③ 피시방에 갔다가(インターネットカフェに行ってから)
④ 핸드폰이 있어야지(携帯電話があってこそ)

　　正　　解　　④ 핸드폰이 있어야지
　重要ポイント　「-기 때문에」は「〜ので」、「-았다가」は「〜してから」、「-어야지」は「〜しなければ」「〜すべきだ」です。ここで注意しなければならないのは、選択肢の①と④です。④の「-아/어야지」は「〜してこそ…する」という意味の「〜してこそ」の部分にあたるため、後ろに続く「연락도 할 수 있는 거니까」(連絡も全部できるから)と合わさって「携帯電話があってこそ連絡もできるから」、つまり「携帯電話がなければ連絡もできないから」という意味になります。最終的な日本語訳はどちらも「携帯電話がなければ」となりますが、①は空欄の次に続く部分と合わさった場合に「携帯がなければ連絡もできるから」となってしまい、文が成り立たないため、不正解となります。

【問2】
① 성용하고 미키는 나가는 길에 만났다.
　(ソンヨンとミキは出がけに会った。)
② 성용은 기다리는 동안에 많이 걱정했다고 했다.
　(ソンヨンは待っている間にとても心配したと言った。)
③ 미키는 성용이 보낸 문자를 잘 받았다고 했다.
　(ミキはソンヨンが送った携帯メールをちゃんと受け取ったと言った。)
④ 둘은 약속했는데도 결국 못 만났다.
　(ふたりは約束をしたのに、結局会えなかった。)

　　正　　解　　② 성용은 기다리는 동안에 많이 걱정했다고 했다.
　重要ポイント　「-는 길에」は「〜する途中に」「〜するついでに」、「-는데도」は「〜のに」、「-는 동안에」は「〜する間に」。対話の中で、ソンヨンが「걱정했어요(心配しました)」と言っているため、正解は②。

9

長文を読んで、問いに答える問題です。空欄補充や内容一致（または不一致）問題などで構成されます。

한국 친구랑 통화를 하다가 "트로피 남편"이라는 말이 나왔다. 나는 무슨 뜻인지 몰라서 친구한테 그게 무슨 뜻이냐고 물었다. 친구는 그 말이 원래는 미국에서 새로 생겨난 신조어인데 (④ 쉽게 말하자면) 아내 대신 집안일과 육아를 책임지는 남편을 뜻하는 말이라고 설명해 줬다.

한국에서는 이 몇 년 사이에 인터넷의 발달로 신조어의 수가 굉장히 늘어났다. 한국어를 공부하는 내 입장에서 보면 사전에 없는 말이 자꾸 나오는 것은 곤란한 일이지만 신조어가 만들어지는 것은 자연스러운 현상이라고 할 수 있을 것이다. 언어라는 것은 살아 있는 것이고 사전에만 있는 것이 아니다. 그리고 그 사회가 변화해서 이전에 없었던 생각이나 사물이 새로 생겨나면서 그것에 대한 말이 새로 만들어지는 것은 당연하기 때문이다.

韓国の友人と電話で話していて、「トロフィー・ハズバンド」という言葉が出た。私はどんな意味なのか分からず、友人にそれはどういう意味なのかと尋ねた。友人は、その言葉がもともとはアメリカで新しく生じた新造語で、簡単に言うと妻の代わりに家事と育児の責任を負う夫を意味する言葉なのだと説明してくれた。

韓国ではこの数年の間に、インターネットの発達によって、新造語の数がすごく増えた。韓国語を勉強している私の立場からみれば、辞書にない言葉がしょっちゅう出てくるのは困ることだが、新造語が作られることは自然な現象だと言えると思う。言語というものは生きているもので、辞書にだけあるものではない。そして、その社会が変化し、以前になかった考えや物事が新しく生じながら、それに対する言葉が新しく作られることは当然だからだ。

⤴ 원래(元来、もともと)、생겨나다(生じる、発生する)、뜻하다(意味する)、발달(発達)、입장(立場)、자연스럽다(自然だ)、현상(現象)、변화(変化)、이전(以前)、사물(事物)、당연하다(当然だ)

【問1】
① 그렇지 않아도(そうでなくても)
② 그것뿐만 아니라(それだけではなく)
③ 안 그래도(そうじゃなくても)
④ 쉽게 말하자면(簡単に言うと)

202

正　解　④ 쉽게 말하자면

重要ポイント　「쉽게 말하자면」は、「쉽게 말하다（簡単に言う）」に語尾の「-자면（～すると、～しようとすれば、～しようと思えば）」がついた形です。話し手の私に対して、友人が知らない表現を説明してくれている場面なので（日本語訳も参照にしてください）、④が正解。「-뿐만 아니라」は「～だけでなく」「～のみならず」という意味の慣用句です。

⤷ 쉽다(簡単だ、容易だ)、-게(～く、～に、～するように)

【問2】
① 사전에 안 나와 있는 단어 (辞書に出ていない単語)
② 새로운 사전 개발 (新しい辞書の開発)
③ 언어에 대한 생각 (言語に対する考え)
④ 새로 만들어진 표현 (新しく作られた表現)

正　解　② 새로운 사전 개발

重要ポイント　本文で取り上げていない内容を選ぶ問題です。本文の内容と一致するものを選ぶ問題ではない点に注意してください。本文では、社会の変化などによって新しい単語や表現が作られることについて述べていて、辞書にない表現について触れてはいますが、「新しい辞書」については述べられていないため、正解は②となります。

⤷ 새롭다(新しい)、개발(開発)、언어(言語)、-에 대한(～に対する、～についての)、새로(新しく)、만들어지다(作られる)、표현(表現)

【問3】
① 한국의 가족 형태는 완전히 바뀌었다.
　（韓国の家族形態は完全に変わった。）
② 인터넷을 통해 새로운 문제가 생겼다.
　（インターネットを通して新しい問題が生じた。）
③ 말은 사전에 있는대로 바르게 써야 한다.
　（言葉は辞書にあるとおりに正しく使わなければならない。）
④ 새로운 단어가 나오는 것은 이상한 일이 아니다.
　（新しい単語が出ることは変なことではない。）

正　解　④ 새로운 단어가 나오는 것은 이상한 일이 아니다.

重要ポイント　本文の内容と一致するものを選ぶ問題です。本文の最後で、「그 사회가 변화해서 이전에 없었던 생각이나 사물이 새로 생겨나면서 그것에 대한 말이 새로 만들어지는 것은 당연하기 때문이다(その社会が変化し、以前になかった考えや物事が新しく生じながら、それに対する言葉が新しく作られることは当然だからだ)」と述べられているため、正解は④。

➲ 형태(形態)、완전히(完全に)、-을/를 통해(～を通して)、-대로(～のとおり、～のように)

10　下線部分の日本語訳を選ぶ問題です。

1)

그 그림에 그려져 있는 사람이 조선 시대의 인물인 것은 <u>틀림없을 것이다</u>。
その絵に描いてある人は、朝鮮時代の人物に②間違いないだろう。

重要ポイント　「틀림없다」で「間違いない」。そこに「-ㄹ 것이다(～だろう、～であろう)」がついて、「틀림없을 것이다(間違いないだろう)」という意味になります。

➲ 그림(絵)、그리다(描く)、인물(人物)

2)

지금까지 <u>그리 큰 변화는 없지 않았을까</u> 하는 생각이 들었다。
今まで④さほど大きな変化はなかったのではないだろうかという思いがよぎった。

重要ポイント　「없지 않았을까」は、「없다(ない、いない)」に否定を表す「-지 않다」がつき、そこに過去形の「-았/었」と「-ㄹ까(～だろうか)」がさらについた形です。

➲ 그리(さほど(～ない))、변화(変化)、생각이 들다(気がする)

3)

열차가 자주 있는지는 <u>가 봐야 알죠</u>.
列車がしょっちゅうあるかは、③<u>行ってみないと分からないでしょう</u>。

重要ポイント　「가 봐야 알죠」は、「가다(行く)」に「-아/어 보다(〜してみる)」がつき、さらにそこに「-아야(〜してはじめて、〜してこそ)」がついた「가 봐야」に、「알다(知る、分かる)」と「-죠(〜でしょう)」合わさった形が続いたものです。日本語の意味としては、「行ってみて初めて分かるでしょう」「行ってみてこそ分かるでしょう」、つまり「行ってみないと分からないでしょう」となります。

⮕ 열차(列車)、자주(しょっちゅう、しばしば)、-아야(〜してはじめて、〜してこそ)

11 下線部分の韓国語訳を選ぶ問題です。

1)

証拠が<u>発見されたとのことですが</u>。
① 발견됐다 던데요(発見されたとのことですが)
② 발견되던가요(発見されたんですか)
③ 발견됐대요(発見されたそうです)
④ 발견한답니다(発見するそうです)

正解　① 발견됐다 던데요

重要ポイント　①の「발견됐다 던데요」は「발견됐다고 하던데요(発見されたとのことですが)」の縮約形です。「-던데요」は「〜だったのですが」。選択肢②の「-던가요」は「〜たのですか」。③の「발견됐대요」は「발견됐다고 해요」の縮約形、④の「발견한답니다」は「발견한다고 합니다」の縮約形です。引用形の縮約形に関してはP.150〜P.155を参照してください。

⮕ 발견(発見)

2)

そんなところに誰が来いと言うんですか？

① 누가 오냐고요?（誰が来るかと言うんですか？）
② 누가 오재요?（誰が来ようと言うんですか？）
③ 누가 오래요?（誰が来いと言うんですか？）
④ 누가 온대요?（誰が来ると言うんですか？）

正　解　③ 누가 오래요?

重要ポイント　①の「오냐고요?」は「오냐고 해요?」の縮約形。②の「오재요?」は「오자고 해요?」の縮約形。③の「오래요?」は「오라고 해요?」の縮約形。④の「온대요?」は「온다고 해요?」の縮約形。引用形の縮約形に関してはP.150〜P.155を参照してください。

3)

おめでとうございます。お幸せに。

① 행복하래요（幸せになれですって）
② 행복하시기를 바라요（お幸せに）
③ 행복한 게 좋아요（幸せなのがいいです）
④ 행복할 수 밖에 없어요（幸せであるしかありません）

正　解　② 행복하시기를 바라요

重要ポイント　②の「행복하시기를 바라요」は「행복하다（幸せだ）」に「-기를 바라다（〜であることを願う）」がついた形で、直訳すると「幸せであることを願います」。つまり「お幸せに」という意味になります。④の「-ㄹ 수 밖에 없다」は、「〜しかない」です。

「ハングル」能力検定試験 模擬試験・聞取問題
正答一覧

問題	問	解答番号	正解	配点
1	1)	1	①	2
1	2)	2	②	2
1	3)	3	④	2
2	1)	4	④	2
2	2)	5	③	2
2	3)	6	③	2
2	4)	7	④	2
3	1)	8	④	2
3	2)	9	①	2
3	3)	10	④	2
3	4)	11	①	2
4	1)	12	②	2
4	2)	13	④	2
4	3)	14	③	2
5	1)	15	②	2
5	2)	16	③	2
5	3)	17	①	2
5	4)	18	④	2
6	1)	19	④	2
6	2)	20	②	2

「ハングル」能力検定試験 模擬試験・聞取問題
解答と解説

　学習者のみなさんの悩みとしてよく聞くケースが、文字として書かれていれば分かるが、聞き取るとなると分からないというものです。読み上げられた音声を理解し、文字として表記されたものと一致させるには、ある程度の訓練が必要です。音声を聞きながら、ハングルでもカタカナでもいいので、聞こえた音をメモし、次の問題までの時間に「分析」する練習をしてみましょう。

1 　読み上げられた文を正しく書き表したものを選ぶ問題です。この問題の場合は、選択肢が問題用紙に書かれていますので、問題が読み上げられる前に、すべての選択肢にざっと目を通して異なっている部分をチェックし、その部分に注意して聞くとよいでしょう。以上の点は、このタイプの問題を攻略する上で、大切なポイントになりますので、練習問題や模擬問題を解くときに意識してみてください。

1)

読み上げ文

삼월에 비하면 많이 따뜻해졌네요.
3月に比べるととても暖かくなりましたね。

① 삼월에 비하면 많이 따뜻해졌네요.
　（3月に比べると、とても暖かくなりましたね。）
② 사월에 비하면 많이 따뜻해졌네요.
　（4月に比べると、とても暖かくなりましたね。）
③ 삼월과 비교하면 많이 따뜻해졌어요.
　（3月と比べると、とても暖かくなりました。）

④ 사월과 비교하면 많이 따뜻해졌어요.
（４月と比べると、とても暖かくなりました。）

正　解　① 삼월에 비하면 많이 따뜻해졌네요.

重要ポイント　「삼월에（3月に）」と「사월에（4月に）」は、文字で見れば取り違えにくいと思いますが、音になった時には［사뭐레］、［사워레］となり、聞き間違える可能性が高くなります。このように聞き間違いやすい部分は、学習する際に重点を置き、ミスを防ぐことが大切です。また、このタイプの問題を解くコツを、1）を例にして示しますので、参考にしてみてください。

1️⃣ まず、選択肢をざっと読んで、すべての選択肢に共通した部分以外（つまり異なる部分）を四角で囲みます。ここまでを、聞き取りの音声が始まるまでに終えておきます。

① 삼월에 비하면 많이 따뜻해졌네요.　　［사뭐레 비하면 마니 따뜨태젼네요］
② 사월에 비하면 많이 따뜻해졌네요.　　［사워레 비하면 마니 따뜨태젼네요］
③ 삼월과 비교하면 많이 따뜻해졌어요.　　［사뭘과 비교하면 마니 따뜨태져써요］
④ 사월과 비교하면 많이 따뜻해졌어요.　　［사월과 비교하면 마니 따뜨태져써요］

2️⃣ 音声が流れ始めたら、四角で囲った3つの部分にしぼって聞き取りましょう。
3️⃣ 読み上げられる文章の出だしが、［사뭐］であれば①か③、［사워］であれば②か④です。
4️⃣ 次の部分の出だしが、［비］であれば①か②、［비교］であれば③か④に答えを絞り込むことができます。そして文末が［젼네요］であれば①か②、［져써요］であれば③か④が読み上げられたことになります。

以下の問題でも、同様のチェックを行ってみてください。自分がどの部分に注意して聞き取らなければならないかが分かると同時に、自身の聞き取りづらい苦手な部分も把握することができます。
なお、「따뜻해졌네요(暖かくなりましたね)」は［따뜨태젼네요］と発音されます。

➡ 비하다（比べる）、비교하다（比較する）、따뜻해지다（暖かくなる）

2）

読み上げ文

입학한 후에 알게 됐대요.
入学した後に知ったそうです。

① 입원한 후에 알게 됐대요.
  (入院した後に知ったそうです。)
② 입학한 후에 알게 됐대요.
  (入学した後に知ったそうです。)
③ 입학한 후에 알게 됐어요.
  (入学した後に知りました。)
④ 입원한 후에 알게 됐어요.
  (入院した後に知りました。)

正　解　②입학한 후에 알게 됐대요.

重要ポイント　「입학한」は激音化が2回起こって[이파칸]、「됐대요」は濃音化が起こり[돼때요]と発音されます。誤答である「입원한」が発音される場合には、連音化が起こって[이붜난]と発音されます。

⮕ 입학하다(入学する)、-게 되다(〜するようになる)

3)

読み上げ文

누가 먼저 가야 되죠?
誰が先に行かなければならないでしょうか？

① 누가 먼저 해야 돼요?
  (誰が先にやらなければなりませんか？)
② 누가 먼저 가야 돼요?
  (誰が先に行かなければなりませんか？)
③ 누가 먼저 해야 되죠?
  (誰が先にやらなければならないでしょうか？)
④ 누가 먼저 가야 되죠?
  (誰が先に行かなければならないでしょうか？)

正　解　④누가 먼저 가야 되죠?

重要ポイント　選択肢は全て「누가 먼저(誰が先に)」の部分までは同じです。このような場合には、音声が読み上げられる前に選択肢に目を通しておき、そこをチェックした上で異なる部分だけに焦点をしぼって聞き取るようにするとよいでしょう。

⮕ 먼저(先に)

2 短い文と選択肢が2回ずつ読まれるのを聞き取り、文の内容に合うものを選ぶ問題です。問題として読み上げられる文だけでなく、選択肢も読み上げられるため、問題文だけに気を取られず、選択肢の最後までしっかりメモすることを目指してください。メモを取る際には、最初から全てハングルで正しく書き取ろうとあせらずに、まずはカタカナでも、聞こえたとおりのハングルででも構わないので、記憶が曖昧になってしまう前に書いておくことが大切です。

1)

読み上げ文

생선과 밥 등으로 만든 일본 음식입니다.
魚とご飯などで作った日本の食べ物です。

① 푸딩（プリン）
② 찌개（チゲ）
③ 접시（皿）
④ 초밥（寿司）

正　解　④ 초밥

重要ポイント　読み上げられる文の「일본 음식입니다」(日本の食べ物です)という部分を聞き取ることができれば、選択肢を絞り込むことができます。「만든」は「만들다」(作る)の過去連体形です。ここでは語幹末の「ㄹ」が脱落しています。

➡ 생선《食べ物としての》魚)、-으로（〜で、〜を使って）

2)

読み上げ文

집에서 빨래를 못 하는 것은 여기에 가져갑니다.
家で洗濯をできないものは、ここに持って行きます。

① 세탁기（洗濯機）
② 쓰레기통（ゴミ箱）
③ 세탁소（クリーニング店）
④ 청소기（掃除機）

正　　解　③ 세탁소

　重要ポイント　「집에서(家で)」の発音は、連音化が起こり[지베서]。「빨래를 못 하는 것은(洗濯をできないものは)」の発音は「못 하는」の部分で激音化が起こり、[빨래를 모타는 거슨]となります。「못」の単独での発音は[몯]ですので、その終声(パッチム)ㄷ が、次に続く「하는」の初声 ㅎ との間で激音化し、[타는]となっているのです。このように発音変化が起こっている部分を、聞いてすぐ正しい綴りで書くのは難しいと感じる人は多いと思います。まずは音声を聞いてメモし、聞き取れた部分と合わせてから、全体の意味を考えながら正しい綴りに戻すというように、段階的に解いていくことで、聞取問題を攻略することができますので、参考にしてみてください。

➲ 빨래(洗濯)、가져가다(持って行く)

3)

　読み上げ文

어머니의 언니를 뭐라고 합니까?
お母さんのお姉さんをなんといいますか？

① 막내(末っ子)
② 고모(おば〈父の姉妹〉)
③ 이모(おば〈母の姉妹〉)
④ 사촌(いとこ)

　　正　　解　③ 이모

　重要ポイント　この問題は、読み上げられる文で使われている語彙自体は難易度が高くありませんが、正解にあたる単語そのものを知らなければ解けません。選択肢②と③のように、日本語訳が同じになるものなどは、混同しないように注意してください。

4)

　読み上げ文

나쁜 일을 한 사람을 찾거나 잡는 사람입니다.
悪いことをした人を探したり、捕まえる人です。

① 감독(監督)
② 과학자(科学者)

③ 재판관(裁判官)
④ 경찰관(警察官)

正　解　④ 경찰관

重要ポイント　「나쁜 일을 한 사람을 찾거나(悪いことをした人を探したり)」の発音は、[나쁘니를 한 사라믈 찬꺼나]。「잡는 사람입니다(捕まえる人です)」の発音は[잠는 사라밈니다]ですが、これは「잡다(捕まえる)」の終声（パッチム）ㅂと、それに続く「는」の初声ㄴの間で鼻音化が起こり、「잡」が[잠]となっているのです。

⇒ 찾다(探す)、-거나(～したり)

3 問いかけ文に対して、適切な応答文を選ぶ問題です。問いかけ文だけでなく選択肢も読み上げられます。文字として表示されていないので、一文字でも多くメモを取ることを心がけましょう。

1)

読み上げ文

어떻게 물어봤대요?
どうやって尋ねたんですって？

① 전화 드렸어요.（お電話差し上げました。）
② 연락이 안 돼요.（連絡がつきません。）
③ 개가 물었어요.（犬が噛みました。）
④ 메일로 질문했대요.（メールで質問したんだそうです。）

正　解　④ 메일로 질문했대요.

重要ポイント　「어떻게」は、激音化が起こるので、発音は[어떠케]。「물어봤대요?」の発音は、連音化と濃音化が起こり、[무러봗때요]となります。「물어봤대요?」は「물어봤다고 해요?」の縮約形です。「묻다」は【ㄷ変格活用】の用言なので、この問題のように「-아/어」ではじまる語尾が続く場合には、「묻」が「물」となります。

⇒ 묻다(尋ねる、聞く)

2)

読み上げ文

취미가 뭐예요?
趣味は何ですか？

① 노래 부르는 것을 좋아해요. (歌を歌うことが好きです。)
② 배가 불러서 더 이상 못 먹어요. (お腹がいっぱいで、これ以上食べられません。)
③ 바람이 불어서 아주 시원해요. (風が吹いてとても涼しいです。)
④ 순서가 오면 이름을 부를게요. (順序が来たら名前を呼びますよ。)

正　解　①노래 부르는 것을 좋아해요.

重要ポイント　選択肢①、②、④で使われている「歌う」、「(お腹が)いっぱいだ」、「呼ぶ」は、韓国語では全て「부르다」です。「부르다」は【르変格活用】の用言なので、「-아/어」ではじまる語尾が続く場合には「불러」となります。「歌を歌う」は「노래를 부르다」、「お腹がいっぱいだ」は「배가 부르다」、「名前を呼ぶ」は「이름을 부르다」というように、どの名詞と結びつくのかによって意味を区別することができます。「風が吹く」という場合の「吹く」は、「불다」です。「부르다」と「불다」の発音の違いと、活用した形の区別に注意してください。

3)

読み上げ文

직장 분위기가 어때요?
職場の雰囲気はどうですか？

① 사무실은 구 층에 있어요. (オフィスは9階にあります。)
② 직원이 많은 편이에요. (職員が多いほうです。)
③ 요즘은 소식이 없어요. (最近は知らせがありません。)
④ 좋은 분이 많아서 안심했어요. (良い方が多くて安心しました。)

正　解　④좋은 분이 많아서 안심했어요.

重要ポイント　「직장 (職場)」は濃音化が起こり[직짱]、「분위기가 (雰囲気が)」は連音化が起こり[부뉘기가]と発音されます。正解の④は[조은 부니 마나서 안시매써요]と発音されています。ㅎの発音が弱化したり、全く発音されないケースが含まれていますので、読み上げられた音声から正しい綴りを書き起こすには、同じようなパターンを口に出して繰り返し発音してみたり、発音の規則をきちんと理解しておく

必要があります。

➲ 직장(職場)、분위기(雰囲気)

4)

読み上げ文

속도가 너무 빨라요?
速度が速すぎますか？

① 네, 좀 줄이세요. (はい、ちょっと〈スピードを〉落としてください。)
② 네, 좀 느린 것 같아요. (はい、ちょっと遅いみたいです。)
③ 네, 길이 복잡해요. (はい、道が混んでいます。)
④ 네, 아주 안전해요. (はい、とても安全です。)

正　解　① 네, 좀 줄이세요.

重要ポイント　「속도(速度)」は濃音化が起こり、[속또]と発音されます。正解である選択肢①の「줄이다」は「減らす」「減少させる」という意味で、「속도를 줄이다」で「スピードを落とす」です。

➲ 속도(速度)

4　読み上げられる文を聞いて、その一部分の日本語訳を選択肢の中から選ぶ問題です。

1)

読み上げ文

볼일이 있어서 잠깐 들렀어요.
用事があったので、ちょっと寄りました。

正　解　② ちょっと寄りました

重要ポイント　「볼일이 있어서」の発音は[볼리리 이써서]。「들렀어요」の発音は、連音化が起こり[들러써요]。「들르다(立ち寄る)」は【으変格活用】の用言なので、「-아/어」ではじまる語尾が続くと「들러」となります。【르変格活用】と混同しないように注意してください。

➲ 볼일(用事)

2)

読み上げ文

요즘은 손님이 없어서 장사가 잘 안 돼요.
最近はお客さんがいなくて商売がうまくいきません。

　　正　解　　④商売がうまくいきません

　重要ポイント　　「장사가 안 되다」で「商売がうまくいかない」「商売にならない」です。①の「財産が」は「재산이」、②の「場所が」は「장소가」、③の「将来が」は「장래가」です。

⮕ 장사（商売）

3)

読み上げ文

저 사람은 저래 봬도 발이 넓어요.
あの人はああ見えても顔が広いんです。

　　正　解　　③ああ見えても

　重要ポイント　　「발이 넓다」は直訳すると「足が広い」ですが、これで「顔が広い」「知り合いが多い」という慣用句です。

⮕ 저래 봬도（ああ見えても）、발이 넓다（顔が広い）

---

5 提示された日本語のうち、下線部の正しい韓国語訳を選ぶ問題です。問題文が読み上げられる前に、下線部に目を通し、正解をある程度予測しておくようにしましょう。

1)

読み上げ文

財布を<u>うっかり持ってきませんでした</u>。
　깜빡하고 안 가지고 왔어요

正　　解　　② 깜빡하고 안 가지고 왔어요

① 갑자기 잊어버렸어요（急に忘れてしまいました）
② 깜빡하고 안 가지고 왔어요（うっかり持ってきませんでした）
③ 깜짝 놀라서 잊어버렸어요（びっくりして忘れてしまいました）
④ 깜빡해서 잃어버렸어요（うっかりなくしてしまいました）

　　重要ポイント　　それぞれの選択肢は、次のように発音されます。

① 갑자기 잊어버렸어요［갑짜기 이저버려써요］
② 깜빡하고 안 가지고 왔어요［깜빠카고 안 가지고 와써요］
③ 깜짝 놀라서 잊어버렸어요［깜짱 놀라서 이저버려써요］
④ 깜빡해서 잃어버렸어요［깜빠캐서 이러버려써요］

➲ 깜빡하다（うっかりする）、가지고 오다（持ってくる）

2)

　　読み上げ文

大丈夫ですか？　しっかりしてください。
　　　　　　　　정신 차리세요

　　正　　解　　③ 정신 차리세요

① 제대로 하세요（ちゃんとやってください）
② 정신이 없어요（気が気じゃありません）
③ 정신 차리세요（しっかりしてください）
④ 잘 하세요（上手にやってください）

　　重要ポイント　　選択肢の①と③は綴りどおり発音されますが、②と③の発音は次のようになります。

② 정신이 없어요［정시니 업써요］
④ 잘 하세요［자라세요］

➲ 정신(을) 차리다（しっかりする、気がつく）

3)

読み上げ文

今年の夏は暑くてたまりませんね。
올해 여름은 더워서 못 견디겠네요

正　解　① 올해 여름은 더워서 못 견디겠네요

① 올해 여름은 더워서 못 견디겠네요(今年の夏は暑くてたまりませんね)
② 올해 여름에는 더 이상 없을 거예요(今年の夏にはこれ以上ないでしょう)
③ 이번 여름은 더워서 할 수 없네요(この夏は暑くてできませんね)
④ 이번 여름에는 더워서 못 하겠어요(この夏には暑くてできません)

重要ポイント　それぞれの選択肢は、次のように発音されます。

①［오래 여르믄 더워서 몯 껀디겐네요］
②［오래 여르메는 더 이상 업쓸 꺼예요］
③［이번 녀르믄 더워서 할 쑤 엄네요］
④［이번 녀르메는 더워서 모타게써요］

➔ 견디다(我慢する、耐える)

4)

読み上げ文

そうでなくてもお忙しいはずなのに。
안 그래도 바쁘실 텐데요

正　解　④ 안 그래도 바쁘실 텐데요

① 그렇게까지 바쁘면 안 돼요(そんなにまで忙しくてはいけませんよ)
② 안 그래도 바쁠 것 같죠(そうでなくても忙しそうでしょう)
③ 그렇지 않아도 바쁜 것 같은데요(そうでなくても忙しいようですけど)
④ 안 그래도 바쁘실 텐데요(そうでなくてもお忙しいはずなのに)

重要ポイント　それぞれの選択肢は、次のように発音されます。

①［그러케까지 바쁘면 안 돼요］
②［안 그래도 바쁠 껃 깓죠］
③［그러치 아나도 바쁜 걷 까튼데요］
④［안 그래도 바쁘실 텐데요］

6 読み上げられた問題文の内容に合うものを選ぶ問題です。選択肢は韓国語で表示されていますが、ある程度まとまった文章を聞き取る力とともに、その選択肢を正確に読む力が必要とされます。問題文が読み上げられる前に選択肢に目を通し、これから問題文で何について読み上げられる可能性があるのか、あらかじめ目星をつけておきましょう。

1)

読み上げ文 나는 무역 회사에서 일한다. 한국에서 수입한 물건을 관리하는 게 내가 하는 일이다. 회사에 들어가기 전까지는 몰랐는데 일을 한다는 것은 생각보다 쉬운 일이 아니었다. 더 노력해서 내년에는 자격증을 따서 수출도 해 볼 생각이다.

日本語訳 私は貿易会社で働いている。韓国から輸入した物を管理するのが私のしている仕事だ。会社に入る前までは分からなかったが、働くと言うことは思ったより簡単なことではなかった。もっと努力して、来年には資格を取り、輸出もやってみるつもりだ。

① 이 회사는 미국에서 들어온 물건을 관리한다.
(この会社はアメリカから入ってきたものを管理している。)
② 일본 상품을 외국에 파는 게 내 일이다.
(日本の商品を外国に売るのが私の仕事だ。)
③ 나는 내년에 회사를 옮길 생각이다.
(私は来年、会社を移る予定だ。)
④ 나는 수출을 하는 것에도 관심이 있다.
(私は輸出をすることにも関心がある。)

正　解 ④ 나는 수출을 하는 것에도 관심이 있다.

重要ポイント 読み上げられた文章に「내년에는 자격증을 따서 수출도 해 볼 생각이다(来年には資格を取り、輸出もやってみるつもりだ)」とあるため、正解は④。

⮕ 무역(貿易)、수입(輸入)、물건(物)、관리(管理)、자격(증)을 따다(資格を取る)、수출(輸出)

2)

読み上げ文 일본 사람은 다른 나라 사람과 비교하면 부끄러움을 많이 타는 경향이 있다는 말을 들었다. 나는 그렇게 느낀 적이 없지만 그 말에 따르면 일본 사람들은 뭔가를 할 때마다 혹시 실패하는 게 아닐까 하는 불안한 생각이 머리를 스친다는 것이다.

日本語訳 日本人は、他の国の人と比べると恥ずかしがり屋だという話を聞いた。私はそのように感じたことがないが、その話によれば、日本人は何かをするごとに、ひょっとして失敗するのではないかという不安な思いが頭をよぎるということだ。

---

① 용기를 내서 외국인에게 말을 걸었다.
（勇気を出して、外国人に話しかけた。）
② 일본 사람은 잘못을 무서워한다는 말이 있다.
（日本人は間違うことをこわがるという話がある。）
③ 외국 사람보다 일본 사람이 더 적극적이다.
（外国人よりも日本人がより積極的だ。）
④ 행동하기 전에 나쁜 결과만을 상상하면 안 된다.
（行動する前に悪い結果だけを想像してはいけない。）

正　解　② 일본 사람은 잘못을 무서워한다는 말이 있다.

重要ポイント　②の「무서워하다」は「こわがる」。読み上げられた文章が、日本人は他の国の人に比べて恥ずかしがり屋で、いつも失敗をおそれているという内容なので、正解は②。

⊃ 비교하다（比較する）、부끄러움을 타다（恥ずかしがる）、경향（傾向）、실패하다（失敗する）、불안하다（不安だ）、머리를 스치다（頭をよぎる）

「ハングル」能力検定試験 模擬試験 マークシート

【注意事項】
① 解答にはHBの黒鉛筆(シャープペンシル可)を使用してください。
② 解答を訂正する場合は消しゴムできれいに消してください。
③ 所定の場所以外は記入しないでください。
④ 例のように解答番号を正しくマークしてください。

● マーク例

良い例	悪い例		
■	[✓]	← →	[●]

■ 筆記問題

問題	問	解答番号	マークシートチェック欄			
1	1	1	[1]	[2]	[3]	[4]
	2	2	[1]	[2]	[3]	[4]
	3	3	[1]	[2]	[3]	[4]
2	1	4	[1]	[2]	[3]	[4]
	2	5	[1]	[2]	[3]	[4]
	3	6	[1]	[2]	[3]	[4]
	4	7	[1]	[2]	[3]	[4]
	5	8	[1]	[2]	[3]	[4]
3	1	9	[1]	[2]	[3]	[4]
	2	10	[1]	[2]	[3]	[4]
	3	11	[1]	[2]	[3]	[4]
	4	12	[1]	[2]	[3]	[4]
	5	13	[1]	[2]	[3]	[4]
4	1	14	[1]	[2]	[3]	[4]
	2	15	[1]	[2]	[3]	[4]
	3	16	[1]	[2]	[3]	[4]
	4	17	[1]	[2]	[3]	[4]
5	1	18	[1]	[2]	[3]	[4]
	2	19	[1]	[2]	[3]	[4]
	3	20	[1]	[2]	[3]	[4]
6	1	21	[1]	[2]	[3]	[4]
	2	22	[1]	[2]	[3]	[4]
	3	23	[1]	[2]	[3]	[4]
	4	24	[1]	[2]	[3]	[4]
	5	25	[1]	[2]	[3]	[4]
7	1	26	[1]	[2]	[3]	[4]
	2	27	[1]	[2]	[3]	[4]
	3	28	[1]	[2]	[3]	[4]
8	1-1	29	[1]	[2]	[3]	[4]
	1-2	30	[1]	[2]	[3]	[4]
	2-1	31	[1]	[2]	[3]	[4]
	2-2	32	[1]	[2]	[3]	[4]
9	1	33	[1]	[2]	[3]	[4]
	2	34	[1]	[2]	[3]	[4]
	3	35	[1]	[2]	[3]	[4]
10	1	36	[1]	[2]	[3]	[4]
	2	37	[1]	[2]	[3]	[4]
	3	38	[1]	[2]	[3]	[4]
11	1	39	[1]	[2]	[3]	[4]
	2	40	[1]	[2]	[3]	[4]
	3	41	[1]	[2]	[3]	[4]

■ 聞取問題

問題	問	解答番号	マークシートチェック欄			
1	1	1	[1]	[2]	[3]	[4]
	2	2	[1]	[2]	[3]	[4]
	3	3	[1]	[2]	[3]	[4]
2	1	4	[1]	[2]	[3]	[4]
	2	5	[1]	[2]	[3]	[4]
	3	6	[1]	[2]	[3]	[4]
	4	7	[1]	[2]	[3]	[4]
3	1	8	[1]	[2]	[3]	[4]
	2	9	[1]	[2]	[3]	[4]
	3	10	[1]	[2]	[3]	[4]
	4	11	[1]	[2]	[3]	[4]
4	1	12	[1]	[2]	[3]	[4]
	2	13	[1]	[2]	[3]	[4]
	3	14	[1]	[2]	[3]	[4]
5	1	15	[1]	[2]	[3]	[4]
	2	16	[1]	[2]	[3]	[4]
	3	17	[1]	[2]	[3]	[4]
	4	18	[1]	[2]	[3]	[4]
6	1	19	[1]	[2]	[3]	[4]
	2	20	[1]	[2]	[3]	[4]

※ 何回か解いてみたい場合は、このページをコピーしてお使いください。

監修 伊藤英人（いとう ひでと）

1961年東京都生まれ。東京外国語大学大学院修士課程修了、ソウル大学大学院国語国文学科博士課程中退。元東京外国語大学大学院総合国際学研究院准教授。現在、専修大学国際コミュニケーション学部特任教授。論著に、「朝鮮語」(『世界のことば・辞書の辞典 アジア編』、三省堂、2008年所収)、「朝鮮半島の書記史―不可避の自己としての漢語―」(『続「訓読」論』、勉誠出版、2010年所収) など。

著者 山崎玲美奈（やまざき れみな）

1979年新潟県生まれ。東京外国語大学大学院博士前期課程修了(言語学)。韓国語講師・翻訳・通訳などに従事。韓国語学習誌『韓国語ジャーナル』(アルク)では、韓国語校正に加え、連載も担当した。現在、早稲田大学・上智大学・フェリス女学院大学非常勤講師。著書に『改訂版 はじめてのハングル能力検定試験5級』『起きてから寝るまで韓国語表現1000』(以上 アルク)、『CD付きオールカラー超入門! 書いて覚える韓国語ドリル』(ナツメ社)、『だいたいで楽しい韓国語入門』(三修社) など。

はじめてのハングル能力検定試験3級

発　行　日	2011年 3月31日 (初　版) 2023年 8月 4日 (第8刷)
監　　　修	伊藤英人
著　　　者	山崎玲美奈
編　　　集	株式会社アルク 出版編集部
韓国語校正	徐承周
デザイン(表紙)	日下充典
デザイン(本文)・DTP	高瀬伸一／洪永愛
ナレーション	イ・ジェウク、李美現、都さゆり
録音・編集	佐伯英則 (office 佐伯)
CDプレス	株式会社プロスコープ
印刷・製本	図書印刷株式会社
発　行　者	天野智之
発　行　所	株式会社アルク 〒102-0073 東京都千代田区九段北 4-2-6 市ヶ谷ビル Website https://www.alc.co.jp/ 製品サポート https://www.alc.co.jp/usersupport/

地球人ネットワークを創る

アルクのシンボル
「地球人マーク」です。

落丁本、乱丁本は、弊社にてお取り換えいたしております。Webお問い合わせフォームにてご連絡ください。
https://www.alc.co.jp/inquiry/
本書の全部または一部の無断転載を禁じます。著作権法上で認められた場合を除いて、本書からのコピーを禁じます。定価はカバーに表示してあります。

©2011 Yamazaki Remina / ALC PRESS INC.
Printed in Japan.　PC : 7007024　ISBN978-4-7574-1976-6

はじめてのハングル能力検定試験 3 級
別冊 単語集

―［凡例］―
- 発音変化は［　　］で囲って示す。ここでは、濃音化、鼻音化、流音化、口蓋音化を表記した。
- (하)(되)(하,되)は、それぞれ「하다」「되다」「하다や되다」がつくことで、その単語が動詞や形容詞になることを示す。
- 不規則活用は【　　】で囲って示す。

- この冊子は取り外して使うことができます。
- 『トウミ』改訂版に準拠しています。

アルク
www.alc.co.jp

語彙	漢字・発音	活用	意味
☐ 가			☐ 端、ほとり
☐ 가격	価格		☐ 価格
☐ 가까이			☐ ① 近く、近くに ② 親しく ③ 〜近く
☐ 가끔씩			☐ 時折、時たま
☐ 가능성	可能性[가능썽]		☐ 可能性
☐ 가득		(하)	☐ いっぱい
☐ 가리키다			☐ 示す、指す
☐ 가만			☐ そっと
☐ 가만히			☐ ① じっと、おとなしく ② こっそりと、そっと ③ じっくりと
☐ 가사	歌詞		☐ 歌詞
☐ 가사	家事		☐ 家事
☐ 가위			☐ はさみ
☐ 가정	家庭		☐ 家庭
☐ 가지			☐ 〜種、〜種類
☐ 가치	価値		☐ 価値
☐ 각	各		☐ ① 各 ② 各…
☐ 각각	各各		☐ 各々
☐ 각자	各自		☐ 各自
☐ 간단	簡単	(하)	☐ 簡単
☐ 간단히			☐ 簡単に
☐ 간장	-醤		☐ しょうゆ
☐ 갈아입다	[가라입따]		☐ 着替える
☐ 갈아타다			☐ 乗り換える
☐ 감독	監督	(하)	☐ 監督
☐ 감동	感動	(하,되)	☐ 感動
☐ 감상	感想		☐ 感想
☐ 감정	感情		☐ 感情
☐ 감추다			☐ 隠す
☐ 갔다오다	[갇따오다]		☐ 行ってくる

ㄱ

語彙	漢字・発音	活用	意味
☐ 강사	講師		☐ 講師
☐ 강의	講義	(하)	☐ 講義
☐ 강조	強調	(하,되)	☐ 強調
☐ 강좌	講座		☐ 講座
☐ 개다			☐ 晴れる
☐ 개별	個別		☐ 個別
☐ 개월	個月		☐ ～ヵ月
☐ 개인	個人		☐ 個人
☐ 거두다			☐ ①収穫する ②世話をする ③手入れする、寄せ集める
☐ 거리	距離		☐ 距離
☐ 거스름(돈)	[-(돈)]		☐ つり銭
☐ 거절	拒絶	(하,되)	☐ 拒絶
☐ 거절하다	拒絶-		☐ 断る
☐ 거짓말	[거진말]	(하)	☐ 嘘
☐ 건너			☐ 向こう、向かい側
☐ 건너다			☐ 渡る、移る
☐ 검사	検査	(하,되)	☐ 検査
☐ 겁	怯		☐ 恐れ、怖さ
☐ 게다가			☐ その上
☐ 견디다			☐ 耐える
☐ 결국	結局		☐ 結局
☐ 결론	結論		☐ 結論
☐ 결석	欠席 [결썩]	(하)	☐ 欠席
☐ 결코	決-		☐ 決して
☐ 경기	競技		☐ 競技
☐ 경영	経営	(하,되)	☐ 経営
☐ 경우	境遇		☐ 場合
☐ 경쟁	競争	(하)	☐ 競争
☐ 경제	経済		☐ 経済

	語彙	漢字・発音	活用	意味
	☐ 경찰	警察		☐ 警察
	☐ 경치	景致		☐ 景色
	☐ 경향	傾向		☐ 傾向
	☐ 경험	経験	(하,되)	☐ 経験
	☐ 곁			☐ そば、脇
	☐ 계란	鶏卵		☐ 卵、玉子
	☐ 계산대	計算台		☐ レジカウンター
	☐ 계절	季節		☐ 季節
	☐ 고려	考慮	(하,되)	☐ 考慮
	☐ 고르다		【르】	☐ 選ぶ
	☐ 고모	姑母		☐ おば(父の姉妹)
	☐ 고민	苦悶	(하,되)	☐ 悩み
ㄱ	☐ 고생	苦生	(하)	☐ 苦労
	☐ 고장	故障		☐ 故障
	☐ 고치다			☐ 直す
	☐ 고통	苦痛		☐ 苦痛
	☐ 곡	曲		☐ 曲
	☐ 골목			☐ 路地、横町
	☐ 곱다	[곱따]	【ㅂ】	☐ 美しい、きれいだ
	☐ 곳			☐ ①所、場所、場 ②…カ所
	☐ 공간	空間		☐ 空間
	☐ 공기	空気		☐ 空気
	☐ 공동	共同		☐ 共同
	☐ 공무원	公務員		☐ 公務員
	☐ 공사	工事	(하)	☐ 工事
	☐ 공연	公演	(하,되)	☐ 公演、コンサート
	☐ 공장	工場		☐ 工場
	☐ 공짜	空-		☐ ただ、無料
	☐ 공통	共通	(하,되)	☐ 共通
	☐ 과거	過去		☐ 過去

語彙	漢字・発音	活用	意味
☐ 과목	科目		☐ 科目
☐ 과연	果然		☐ やはり、さすが、果たして
☐ 과장	課長		☐ 課長
☐ 과정	過程		☐ 過程
☐ 과제	課題		☐ 課題
☐ 과학	科学		☐ 科学
☐ 관계	関係	(하,되)	☐ 関係
☐ 관광	観光	(하)	☐ 観光
☐ 관련	関連 [괄련]	(하,되)	☐ 関連
☐ 관리	管理 [괄리]	(하,되)	☐ 管理
☐ 광고	広告	(하)	☐ 広告
☐ 괜히			☐ 空しく、無駄に
☐ 굉장하다	宏壮-		☐ すごい
☐ 교류	交流	(하,되)	☐ 交流
☐ 교시	校時		☐ ～時限
☐ 교육	教育	(하,되)	☐ 教育
☐ 교장	校長		☐ 校長
☐ 교재	教材		☐ 教材
☐ 교통	交通		☐ 交通
☐ 교회	教会		☐ 教会
☐ 구경		(하)	☐ 見物、観覧
☐ 구급차	救急車		☐ 救急車
☐ 구멍			☐ 穴
☐ 구체(적)	具体(的)		☐ 具体(的)
☐ 국가	国家 [국까]		☐ 国家
☐ 국내	国内 [궁내]		☐ 国内
☐ 국물	[궁물]		☐ 汁、スープ
☐ 국민	国民 [궁민]		☐ 国民
☐ 국어	国語		☐ 国語
☐ 국외	国外		☐ 国外

語彙	漢字・発音	活用	意味
□ 국제	国際 [국쩨]		□ 国際
□ 군대	軍隊		□ 軍隊
□ 군데			□ 〜カ所
□ 굵다	[국따]		□ 太い
□ 굽다	[굽따]	【ㅂ】	□ 焼く
□ 궁금하다			□ 気がかりだ、気になる
□ 권리	権利 [궐리]		□ 権利
□ 권하다	勧-		□ 勧める
□ 귀걸이			□ イヤリング、ピアス
□ 귀국	帰国	(하)	□ 帰国
□ 귀엽다	[귀엽따]	【ㅂ】	□ かわいい
□ 규모	規模		□ 規模
□ 규칙	規則		□ 規則
□ 그간	-間		□ その間
□ 그녀	-女		□ 彼女
□ 그늘			□ 日陰
□ 그다지			□ さほど(〜ない)、あまり
□ 그동안			□ ①その間 ②その後
□ 그래도			□ それでも、でも
□ 그러니			□ だから
□ 그러다			□ そうする
□ 그러다(가)			□ そのようにして、そうこうするうちに
□ 그러면서			□ それなのに、そうしながら
□ 그러므로			□ それゆえ
□ 그렇다			□ そうだ、そのようだ
□ 그렇다면			□ それならば
□ 그리			□ さほど(〜ない)
□ 그리			□ ①そちらへ ②そのように
□ 그리하다			□ そのようにする
□ 그리하여(서)			□ そうして

語彙	漢字・発音	活用	意味
그만			① それぐらいで ② つい
그만두다			やめる
그만큼			その程度
그만하다			やめる
그 사이			その間
그야말로			まさに、それこそ
그전	－前		以前
그쯤			そのくらい、その程度
그치다			①やむ、終わる ②やめる、中止する
그해			その年
근거	根拠		根拠
근거하다	根拠－		基づく
근본	根本		①根本、元 ②生い立ち、家柄
글쓰기			文章(文字)を書くこと
글씨			文字
금	金		金
금방	今方		① 今しがた ② すぐに
금지	禁止	(하,되)	禁止
급하다	急－		①急だ、急を要する ②あせる
급히	急－		急に
긋다	[귿따]	【ㅅ】	(線を)引く
기간	期間		期間
기계	機械		機械
기관	機関		機関
기념	記念	(하)	記念
기능	機能	(하)	機能
기대	期待	(하,되)	期待
기둥			①柱 ②(物の)支え ③頼りとなる人物
기록	記録	(하,되)	記録

語彙	漢字・発音	活用	意味
☐ 기르다		【르】	☐ ①(動植物を)育てる・飼う、(人材・子どもを)育てる ②培う、身に付ける ③(髪などを)伸ばす
☐ 기름			☐ 油
☐ 기본	基本		☐ 基本
☐ 기쁨			☐ 喜び
☐ 기사	記事		☐ 記事
☐ 기술	技術		☐ 技術
☐ 기업	企業		☐ 企業
☐ 기온	気温		☐ 気温
☐ 기울이다			☐ 傾ける
☐ 기자	記者		☐ 記者
☐ 기준	基準	(하)	☐ 基準
☐ 기초	基礎		☐ 基礎
☐ 기초하다	基礎-		☐ 基づく
☐ 기회	機会		☐ 機会
☐ 긴장	緊張	(하,되)	☐ 緊張
☐ 길거리	[길꺼리]		☐ 通り、路上
☐ 길이			☐ ①長さ ②いつまでも、長く
☐ 김			☐ (〜の)機会、(〜の)折
☐ 깊이			☐ ①深さ ②深く
☐ 까마귀			☐ カラス
☐ 까맣다		【ㅎ】	☐ ①黒い ②(時間、距離が)はるかに遠い
☐ 깜빡		(하)	☐ ①ちらっと ②ぱちりと ③うっかり
☐ 깜짝		(하)	☐ びっくり
☐ 깨끗하다			☐ 清潔だ、きれいだ
☐ 깨끗이			☐ きれいに
☐ 깨다			☐ 壊す、割る
☐ 깨어나다			☐ 覚める
☐ 꺼내다			☐ 取り出す
☐ 꼭			☐ 固く、ぎゅっと

語彙	漢字・発音	活用	意味
ㄱ			
□ 꽤			□ かなり、ずいぶん
□ 꿀			□ はちみつ
□ 끌다		【ㄹ】	□ 引きずる、引く
□ 끓다			□ 沸く
□ 끓이다			□ ①沸かす ②(スープ、チゲなどを)作る
□ 끝내	[끈내]		□ 最後まで、ついに
□ 끝내주다	[끈내주다]		□ ①終えてやる ②最高の気分にさせてくれる
ㄴ			
□ 나뉘다			□ 分けられる、分かれる(나누이다の縮約形)
□ 나란히			□ 並んで
□ 나머지			□ 残り、余り
□ 나서다			□ ①進み出る ②関与する
□ 나흘			□ 4日、4日間
□ 낙관	楽観[낙꽌]	(하)	□ 楽観
□ 날개			□ 翼、羽
□ 날다		【ㄹ】	□ 飛ぶ
□ 날마다			□ 毎日、日ごと
□ 낡다	[낙따]		□ 古い
□ 남			□ 他人
□ 낫다	[낟따]	【ㅅ】	□ ましだ、よい
□ 낳다			□ 生む、産む
□ 내과	内科[내꽈]		□ 内科
□ 내려놓다			□ 降ろす
□ 내용	内容		□ 内容
□ 내주다			□ ①出してあげる ②渡す、明け渡す、引き渡す
□ 내후년	来後年		□ 再来年
□ 너댓			□ 四つか五つの、4・5(の)
□ 너머			□ 向こう側、〜越し
□ 너무나			□ あまりにも

語彙	漢字・発音	活用	意味
□ 너무하다			□ 度が過ぎている、あんまりだ、ひどい
□ 넉			□ 四〜、四つの〜
□ 널다		【ㄹ】	□ 干す
□ 널리			□ 広く
□ 넘어지다			□ 倒れる、転ぶ
□ 년도	年度		□ 〜年度
□ 노동	労働		□ 労働
□ 노랗다		【ㅎ】	□ 黄色い
□ 노인	老人		□ 老人
□ 노트북			□ ノート型パソコン
□ 녹다	[녹따]		□ 溶ける
□ 녹색	緑色[녹쌕]		□ 緑色
□ 녹음	録音	(하,되)	□ 録音
□ 놀랍다	[놀랍따]	【ㅂ】	□ ①驚くべきだ ②目覚しい
□ 놀이		(하)	□ 遊び
□ 농담	弄談	(하)	□ 冗談
□ 농업	農業		□ 農業
□ 농촌	農村		□ 農村
□ 높이			□ ①高さ ②高く
□ 높이다			□ 高める
□ 놓이다			□ 置かれる
□ 놓치다			□ 逃す、失う
□ 누르다		【르】	□ 抑える、押す
□ 눈빛	[눈삗]		□ 目つき、眼光
□ 눈치			□ 勘、表情、顔色
□ 느낌			□ 感じ
□ 느리다			□ のろい、遅い
□ 늘어나다			□ 伸びる、長くなる、増える
□ 늙다	[늑따]		□ 老いる
□ 능력	能力[능녁]		□ 能力

語彙	漢字・発音	活用	意味
☐ 다가오다			☐ 近づいてくる
☐ 다녀가다			☐ 立ち寄っていく
☐ 다루다			☐ 扱う
☐ 다름없다	[다르멉따]		☐ 違いがない、同じだ、変わりない
☐ 다름없이	[다르멉씨]		☐ 違いなく、同じく、同様に、変わりなく
☐ 다만			☐ ただ単に、但し
☐ 다양하다	多樣 -		☐ 多様だ
☐ 단	單		☐ ただ、たった
☐ 단계	段階		☐ 段階
☐ 단순	單純	(하)	☐ 単純
☐ 단위	單位		☐ 単位
☐ 단체	團體		☐ 団体
☐ 단추			☐ (衣服の)ボタン
☐ 닫히다	[다치다/닫치다]		☐ 閉まる
☐ 달다		【ㄹ】	☐ つける、垂らす
☐ 달리			☐ 他に、別に
☐ 달리하다			☐ 異にする
☐ 닮다	[담따]		☐ 似る
☐ 담다	[담따]		☐ ①入れる、盛る ②込める ③表す、収める
☐ 담임	擔任	(하)	☐ 担任
☐ -답다	[-답따]		☐ …らしい、…にふさわしい
☐ 답답하다	[답따파다]		☐ 重苦しい、もどかしい
☐ 답안	答案		☐ 答案、答案用紙
☐ 닷새	[닫쌔]		☐ 5日(間)
☐ 당시	當時		☐ 当時
☐ 당신	當身		☐ あなた
☐ 당연하다	當然 -		☐ 当然だ
☐ 당연히	當然 -		☐ 当然
☐ 당일	當日		☐ 当日
☐ 당장	當場		☐ その場で、即刻、今のところ

語彙	漢字・発音	活用	意味
당하다	当-		① やられる、見舞われる ② 匹敵する ③ …される、…の目にあう
닿다			触れる、届く
대개	大概		大抵、おおよそ
대다			①当てる、触れる、つける ②使う ③充てる、供給する ④（車などを）停める ⑤比べる ⑥言う ⑦寄りかかる
대단하다			甚だしい、すごい、大したものだ
대단히			非常に、大変、とても
대량	大量		大量
대로			①〜とおり、〜のままに、〜ように ②〜（する）たび、〜（する）ごと ③〜（し）次第、〜（したら）すぐ
대부분	大部分		大部分
대신	代身	(하)	①身代わり、代理 ②代わりに
대중	大衆		大衆
대책	対策		対策
대체(로)	大体(-)		大体
대통령	大統領[대통녕]		大統領
대표	代表	(하,되)	代表
대화	対話	(하)	対話、会話
더구나			その上、しかも、さらに
더럽다	[더럽따]	【ㅂ】	汚い
더하다			①ひどくなる ②加える ③（他方より）より程度が重い
덕분	德分[덕뿐]		おかげ、恩恵
던지다			投げる、投げかける
덜			①より少なく ②まだ〜ない
덜다		【ㄹ】	①減らす ②（一部分を）分ける
덜하다			①減る、和らぐ、薄らぐ ②減らす、少なくする ③ひどくない、より少ない、より程度が軽い
덮다	[덥따]		覆う、(本を)閉じる

語彙	漢字・発音	活用	意味
☐ 데리다			☐ 連れる
☐ 도대체	都大体		☐ ①一体全体 ②全然、全く
☐ 도망	逃亡	(하)	☐ 逃亡
☐ 도저히	到底-		☐ 到底
☐ 도중	途中		☐ 途中
☐ 독립	独立 [동닙]	(하,되)	☐ 独立
☐ 독학	独学	(하)	☐ 独学
☐ 돌리다			☐ ①回す、回転させる ②(方向を)変える ③(あちこちに)送る、配る
☐ 돌아보다			☐ 振り向いて見る
☐ 돕다	[돕따]	【ㅂ】	☐ 助ける、手伝う
☐ 동기	動機		☐ 動機
☐ 동네	洞-		☐ 町、町内
☐ 동료	同僚 [동뇨]		☐ 同僚
☐ 동시	同時		☐ 同時
☐ 동안			☐ 間、期間
☐ 동양	東洋		☐ 東洋
☐ 동창	同窓		☐ 同窓
☐ 되게			☐ すごく、とても
☐ 된장			☐ みそ
☐ 두셋			☐ 二つか三つ、2・3(後ろに数名詞がつく場合は두세)
☐ 둘레			☐ 周り
☐ 드디어			☐ 遂に
☐ 드물다		【ㄹ】	☐ まれだ
☐ 들르다		【으】	☐ 立ち寄る
☐ 들리다			☐ 聞かせる
☐ 들어서다			☐ 入る、入り込む、踏み入る
☐ 들이다			☐ 入れる、費やす
☐ 등등	等等		☐ ～等など

語彙	漢字・発音	活用	意味
☐ 등산	登山	(하)	☐ 登山
☐ 등장	登場	(하)	☐ 登場
☐ 따님			☐ 娘さん(딸の尊敬語)
☐ 따다			☐ ①もぎ取る、摘む、得る ②獲得する ③引用する
☐ 따라서			☐ 従って
☐ 따로			☐ 別に、他に
☐ 따르다		【으】	☐ ①追う、ついていく、従う ②なつく ③伴う
☐ 딱			☐ ぱったり、きっぱりと、ぴたっと
☐ 딱			☐ ①ぽっかり、ぱっくり ②ぴったり、ちょうど ③じっと
☐ 딴			☐ 別の、ほかの
☐ 딸기			☐ いちご
☐ 땅			☐ 土地、地面
☐ 때로			☐ 時々、たまに
☐ 때리다			☐ 殴る
☐ 떠나가다			☐ 離れていく、去っていく
☐ 떠들다		【ㄹ】	☐ 騒ぐ
☐ 떠오르다		【ㄹ】	☐ 浮かぶ
☐ 떨다		【ㄹ】	☐ ①震える ②震わす
☐ 떨리다			☐ 震える、揺れる
☐ 떼다			☐ 取る、離す
☐ 또다시			☐ 再び、再度
☐ 또한			☐ 同様に
☐ 똑같다	[똑깓따]		☐ 全く同じだ
☐ 똑같이	[똑까치]		☐ 全く同様に、そっくり
☐ 똑바로	[똑빠로]		☐ まっすぐに、正しく
☐ 뜨겁다	[뜨겁따]	【ㅂ】	☐ 熱い
☐ 뜨다		【으】	☐ 浮かぶ、昇る

	語彙	漢字・発音	活用	意味
ㄷ	☐ 뜻대로	[뜯때로]		☐ 思いのままに、思い通りに
	☐ 뜻밖(에)	[뜯빡(뜯빠께)]		☐ 意外(に)
	☐ 뜻하다			☐ ①志す ②意味する
	☐ 띠다			☐ (目に)つく(띄이다の縮約形)
ㄹ	☐ -롭다	[-롭따]	【ㅂ】	☐ …らしい、…そうだ
ㅁ	☐ 마당			☐ 庭、広場
	☐ 마루			☐ 板の間
	☐ 마르다		【르】	☐ ①乾く ②やせる
	☐ 마을			☐ 村
	☐ 마음대로			☐ 気ままに、勝手に
	☐ 마주		(하)	☐ 向き合って
	☐ 마치			☐ まるで、あたかも、ちょうど
	☐ 마침			☐ ちょうど、たまたま
	☐ 마침내			☐ 遂に
	☐ 막	幕		☐ 幕
	☐ 막			☐ やたらに、でたらめに、むやみに
	☐ 막			☐ 今しがた、まさに
	☐ 막내	[망내]		☐ 末っ子
	☐ 막다	[막따]		☐ ふさぐ、さえぎる
	☐ 막히다			☐ 詰まる、ふさがる
	☐ 만	満		☐ 満、まる
	☐ 만약	万若		☐ もしも、万一
	☐ 만점	満点[만쩜]		☐ 満点
	☐ 만족	満足	(하,되)	☐ 満足
	☐ 만지다			☐ 触る、いじる
	☐ 만큼			☐ ～ほど、～くらい
	☐ 맏-			☐ ①1番目の…、(長子を表す)長… ②初物の…
	☐ 맏이	[마지]		☐ ①長子 ②年がほかの人より多いこと、またはその人

語彙	漢字・発音	活用	意味
☐ 말			☐ 馬
☐ 말다		【ㄹ】	☐ 途中でやめる、中断する、中止する
☐ 말다		【ㄹ】	☐ スープに入れて混ぜる
☐ 말없이	[마럽씨]		☐ 黙って
☐ 말하자면			☐ 言わば
☐ 맑다	[막따]		☐ 晴れている、澄んでいる
☐ 맞다	[맏따]		☐ 迎える
☐ 맞다	[맏따]		☐ ①当たる ②受ける
☐ 맞이하다			☐ 迎える
☐ 맞춤법	[맏춤뻡]		☐ 正書法
☐ 맡기다	[맏끼다]		☐ 任せる
☐ 맡다	[맏따]		☐ 引き受ける、預かる
☐ 매다			☐ 結ぶ
☐ 맨			☐ 一番、最も
☐ 먼지			☐ ちり、ほこり
☐ 멀리			☐ 遠く、遥かに
☐ 멈추다			☐ 止まる、やむ
☐ 면	面	(하)	☐ 面
☐ 면세점	免税店		☐ 免税店
☐ 명령	命令 [명녕]	(하)	☐ 命令
☐ 명함	名銜		☐ 名刺
☐ 모래			☐ 砂
☐ 모습			☐ 姿
☐ 모시다			☐ 仕える、お供する
☐ 모임			☐ 集まり、会合
☐ 목걸이	[목꺼리]		☐ ネックレス
☐ 목숨	[목쑴]		☐ 命
☐ 목욕탕	沐浴湯		☐ 風呂場、銭湯
☐ 목표	目標	(하)	☐ 目標
☐ 몹시	[몹씨]		☐ とても、大変、ひどく

語彙	漢字・発音	活用	意味
☐ 못되다	[몯뙤다]		☐ (たちが)悪い
☐ 못생기다	[몯쌩기다]		☐ 醜い
☐ 무게			☐ 重さ
☐ 무관심	無関心	(하)	☐ 無関心
☐ 무기	武器		☐ 武器
☐ 무대	舞台		☐ 舞台
☐ 무렵			☐ ～頃、～時分
☐ 무료	無料		☐ 無料
☐ 무리	無理	(하)	☐ 無理
☐ 무섭다	[무섭따]	【ㅂ】	☐ 恐ろしい、怖い
☐ 무시	無視	(하,되)	☐ 無視
☐ 무역	貿易	(하)	☐ 貿易
☐ 무용	舞踊	(하)	☐ 舞踊
☐ 무의미	無意味	(하)	☐ 無意味
☐ 무조건	無条件[무조껀]		☐ 無条件
☐ 무책임	無責任	(하)	☐ 無責任
☐ 묵다	[묵따]		☐ ①泊まる ②古くなる
☐ 문득			☐ ふと、はっと
☐ 문법	文法[문뻡]		☐ 文法
☐ 문자	文字[문짜]		☐ ①文字 ②〈韓〉携帯メール
☐ 문학	文学		☐ 文学
☐ 물가	物価[물까]		☐ 物価
☐ 물다		【ㄹ】	☐ 噛む、(口に)くわえる
☐ 물론	勿論		☐ もちろん
☐ 물음			☐ 問い
☐ 미남	美男		☐ 美男
☐ 미녀	美女		☐ 美女
☐ 미래	未来		☐ 未来
☐ 미루다			☐ ①延ばす ②(責任を)負わす ③推し量る
☐ 미리			☐ あらかじめ

	語彙	漢字・発音	活用	意味
ㅁ	☐ 미만	未満		☐ 未満
	☐ 미소	微笑		☐ 微笑
	☐ 미술	美術		☐ 美術
	☐ 미안스럽다	未安-[미안스럽따]	【ㅂ】	☐ すまない、恐れ入る
	☐ 미용실	美容室		☐ 美容室
	☐ 미인	美人		☐ 美人
	☐ 미팅			☐ ①会合、会議、ミーティング ②コンパ
	☐ 민족	民族		☐ 民族
	☐ 믿음			☐ ①信頼 ②信仰
	☐ 밀다		【ㄹ】	☐ 押す
	☐ 밉다	[밉따]	【ㅂ】	☐ 憎い、醜い
	☐ 및			☐ および、また
	☐ 밑줄	[민쭐]		☐ 下線、アンダーライン
ㅂ	☐ 바깥			☐ 外、屋外、表
	☐ 바뀌다			☐ 変えられる、替わる、変わる
	☐ 바닥			☐ 底、底面、床
	☐ 바라다			☐ 願う、望む
	☐ 바라보다			☐ 見渡す、眺める
	☐ 바르다		【ㄹ】	☐ ①貼る ②塗る
	☐ 바보			☐ ばか、間抜け
	☐ 바위			☐ 岩
	☐ 박물관	博物館[방물관]		☐ 博物館
	☐ 박사	博士[박싸]		☐ 博士
	☐ 박수	拍手[박쑤]	(하)	☐ 拍手
	☐ 반	班		☐ 班、クラス
	☐ 반대	反対	(하,되)	☐ 反対
	☐ 반면	反面		☐ 反面
	☐ 반응	反応-	(하)	☐ 反応
	☐ 반찬	飯饌		☐ おかず
	☐ 받아들이다			☐ 受け入れる

語彙	漢字・発音	活用	意味
☐ 받아쓰기		(하)	☐ 書き取り、ディクテーション
☐ 받침			☐ ①支え、下敷き ②パッチム(終声字母)
☐ 발견	発見	(하,되)	☐ 発見
☐ 발달	発達 [발딸]	(하,되)	☐ 発達
☐ 발생	発生 [발쌩]	(하,되)	☐ 発生
☐ 밝히다			☐ 明らかにする、明かす
☐ 밟다	[밥따]		☐ 踏む
☐ 밤낮			☐ ①昼夜、日夜 ②いつも
☐ 밤새			☐ 夜の間
☐ 밤중	-中 [밤쫑]		☐ 夜中
☐ 밥맛	[밤맏]		☐ ①ごはんの味 ②食欲
☐ 밥솥	[밥쏟]		☐ 釜
☐ 밥하다			☐ ごはんを作る
☐ 방금	方今		☐ たった今
☐ 방송	放送	(하,되)	☐ 放送
☐ 방식	方式		☐ 方式
☐ 방해	妨害	(하,되)	☐ 妨害、じゃま
☐ 밭			☐ 畑
☐ 배	倍	(하)	☐ ①倍 ②〜倍
☐ 배우	俳優		☐ 俳優
☐ 뱀			☐ ヘビ
☐ 버릇		(하,되)	☐ 癖、礼儀作法
☐ 벌			☐ ハチ
☐ 벌다		【ㄹ】	☐ (金を)儲ける、稼ぐ
☐ 벌레			☐ 虫
☐ 벌리다			☐ あける、広げる
☐ 범위	範囲		☐ 範囲
☐ 법	法		☐ ①法、法律 ②方法、仕方 ③…法
☐ 법률	法律 [범뉼]		☐ 法律
☐ 벗어나다			☐ 抜け出す

語彙	漢字・発音	活用	意味
☐ 변경	変更	(하,되)	☐ 変更
☐ 변하다	変-		☐ 変わる
☐ 변함없다	[벼남업따]		☐ 変わりない
☐ 변함없이	[벼남업씨]		☐ 変わらず
☐ 변화	変化	(하,되)	☐ 変化
☐ 별로	別-		☐ 別に、さほど
☐ 보고	報告	(하,되)	☐ 報告
☐ 보다			☐ さらに、より
☐ 보도	報道	(하,되)	☐ 報道、ニュース
☐ 보물	宝物		☐ 宝、宝物
☐ 보아주다			☐ ①見てあげる ②世話をする ③大目に見る、見逃す
☐ 보험	保険		☐ 保険
☐ 보호	保護	(하,되)	☐ 保護
☐ 복	福		☐ 幸福
☐ 복되다	福-[복뙤다]		☐ 幸せで楽しい、福々しい
☐ 복도	複道[복또]		☐ 廊下
☐ 복사	複写[복싸]	(하,되)	☐ 複写、コピー
☐ 복습	復習[복씁]	(하)	☐ 復習
☐ 복잡	複雑[복짭]	(하)	☐ ①複雑 ②混雑
☐ 볶다	[복따]		☐ 炒める、煎る
☐ 본문	本文		☐ 本文
☐ 본질	本質		☐ 本質
☐ 볼일	[볼릴]		☐ 用事
☐ 봉지	封紙		☐ 紙袋、袋
☐ 봉투	封筒		☐ 封筒、袋
☐ 뵈다			☐ お目にかかる
☐ 부끄럽다	[부끄럽따]	【ㅂ】	☐ 恥ずかしい
☐ 부닥치다			☐ ぶち当たる、突き当たる、ぶつかる
☐ 부담	負担	(하,되)	☐ 負担、負い目

語彙	漢字・発音	活用	意味
☐ 부드럽다	[부드럽따]	【ㅂ】	☐ 柔らかい
☐ 부럽다	[부럽따]	【ㅂ】	☐ うらやましい
☐ 부분	部分		☐ 部分
☐ 부서지다			☐ 壊れる
☐ 부인	婦人		☐ 婦人
☐ 부정	否定	(하,되)	☐ 否定
☐ 부족	不足	(하,되)	☐ 不足
☐ 부지런		(하)	☐ 勤勉、まめなこと
☐ 부치다			☐ 送る
☐ 분명	分明	(하)	☐ 明白、明らか
☐ 분야	分野		☐ 分野
☐ 분위기	雰囲気		☐ 雰囲気、ムード
☐ 불가능	不可能	(하)	☐ 不可能
☐ 불교	仏教		☐ 仏教
☐ 불만	不満		☐ 不満
☐ 불빛	[불삗]		☐ 炎、明かり
☐ 불쌍하다			☐ 哀れだ
☐ 불안	不安	(하)	☐ 不安
☐ 불편	不便	(하)	☐ ①不便 ②体調不良
☐ 붉다	[북따]		☐ 赤い
☐ 붓다	[붇따]	【ㅅ】	☐ 注ぐ
☐ 비교	比較	(하,되)	☐ 比較
☐ 비록			☐ たとえ(〜でも)
☐ 비롯하다			☐ 〜をはじめとする
☐ 비밀	秘密		☐ 秘密
☐ 비비다			☐ こする、揉む、混ぜる
☐ 비옷			☐ レインコート
☐ 비용	費用		☐ 費用
☐ 비우다			☐ 空にする、空ける
☐ 비치다			☐ ①照る ②映る ③透ける

語彙	漢字・発音	活用	意味
□ 비판	批判	(하,되)	□ 批判
□ 비하다	比-		□ 比べる
□ 빛			□ 光
□ 빠지다			□ ①落ち込む ②はまる ③おぼれる ④熱中する ⑤抜ける
□ 빠짐없이	[빠지럽씨]		□ 漏れなく、抜かりなく
□ 빨갛다		【ㅎ】	□ 赤い
□ 빨다		【ㄹ】	□ 洗濯する
□ 빨래			□ 洗濯(物)
□ 빼다			□ 抜く、取り除く
□ 뽑다	[뽑따]		□ ①抜く ②選ぶ
□ 뿌리			□ 根
□ 뿌리다			□ 振りまく、まく
□ 사 먹다	[사 먹따]		□ 外食する、(出来合いのものを)買って食べる
□ 사거리			□ 十字路
□ 사건	事件 [사껀]		□ 事件
□ 사고	事故		□ 事故
□ 사귀다			□ 付き合う、交わる
□ 사라지다			□ 消える
□ 사무	事務		□ 事務
□ 사물	物事		□ 物事、事物
□ 사업	事業	(하)	□ 事業
□ 사용	使用	(하,되)	□ 使用
□ 사원	社員		□ 社員
□ 사정	事情	(하)	□ ① 事情、わけ ② 懇願
□ 사촌	四寸		□ いとこ
□ 사흘			□ 3日、3日間
□ 산책	散策	(하)	□ 散策、散歩
□ 살			□ 肉、肌
□ 살리다			□ 生かす

語彙	漢字・発音	活用	意味
☐ 살찌다			☐ 太る、肉が付く
☐ 살피다			☐ 調べる、探る
☐ 삼촌	三寸		☐ おじ（父の兄弟）
☐ 상관	相関	(하,되)	☐ 関係、関わり、相関
☐ 상대	相対	(하,되)	☐ 相手
☐ 상상	想像	(하,되)	☐ 想像
☐ 상자	箱子		☐ 箱、ケース
☐ 상처	傷処		☐ 傷
☐ 상태	状態		☐ 状態
☐ 상품	商品		☐ 商品
☐ 상황	状況		☐ 状況
☐ 새끼			☐ ①動物の子 ②野郎
☐ 새다			☐ 夜が明ける、夜明かしをする
☐ 새로			☐ 新たに、新しく
☐ 새롭다	[새롭따]	【ㅂ】	☐ 新しい
☐ 새벽			☐ 暁、未明
☐ 새우다			☐ (夜を)明かす
☐ 생명	生命		☐ 生命
☐ 생신	生辰		☐ お誕生日(생일の尊敬語)
☐ 서넛			☐ 三つか四つ
☐ 서두르다		【르】	☐ 急ぐ、焦る
☐ 서양	西洋		☐ 西洋
☐ 서점	書店		☐ 書店
☐ 서투르다		【르】	☐ 下手だ
☐ 섞다	[석따]		☐ 混ぜる
☐ 섞이다			☐ 混ざる、混じる
☐ 선거	選挙	(하,되)	☐ 選挙
☐ 선배	先輩		☐ 先輩
☐ 선전	宣伝	(하,되)	☐ 宣伝
☐ 선택	選択	(하,되)	☐ 選択

語彙	漢字・発音	活用	意味
☐ 섭섭하다	[섭써파다]		☐ 名残惜しい
☐ 섭섭히	[섭써피]		☐ 名残惜しく、残念に
☐ 성	性		☐ 性
☐ 성	姓		☐ 姓
☐ 성격	性格 [성껵]		☐ 性格
☐ 성공	成功	(하,되)	☐ 成功
☐ 성장	成長	(하,되)	☐ 成長
☐ 성적	成績		☐ 成績
☐ 성질	性質		☐ 性質
☐ 세계	世界		☐ 世界
☐ 세금	税金		☐ 税金
☐ 세기	世紀		☐ 世紀
☐ 세다			☐ 強い
☐ 세대	世代		☐ 世代
☐ 세상	世上		☐ 世の中、世間、社会、世界
☐ 세월	歳月		☐ 歳月
☐ 세탁	洗濯	(하,되)	☐ 洗濯
☐ 소녀	少女		☐ 少女
☐ 소년	少年		☐ 少年
☐ 소문	所聞		☐ うわさ、評判
☐ 소비	消費	(하,되)	☐ 消費
☐ 소식	消息		☐ 消息、便り、知らせ、ニュース、手紙
☐ 소중하다	所重-		☐ 大切だ、貴重だ、大事だ
☐ 속도	速度 [속또]		☐ 速度
☐ 속하다	属-		☐ 属する
☐ 손녀	孫女		☐ 孫娘
☐ 손자	孫子		☐ (男の)孫
☐ 솔직하다	率直-[솔찌카다]		☐ 率直だ、正直だ
☐ 솔직히	率直-[솔찌키]		☐ 率直に
☐ 쇠			☐ ①鉄 ②金物 ③鍵 ④錠

語彙	漢字・発音	活用	意味
☐ 수			☐ ①場合、こと ②方法、すべ、仕方
☐ 수단	手段		☐ 手段
☐ 수도	水道		☐ 水道
☐ 수많다	数-		☐ 数多い
☐ 수많이	数-		☐ 数多く
☐ 수술	手術	(하)	☐ 手術
☐ 수영	水泳	(하)	☐ 水泳、スイミング
☐ 수입	収入		☐ 収入
☐ 수입	輸入	(하,되)	☐ 輸入
☐ 수준	水準		☐ 水準
☐ 수출	輸出	(하,되)	☐ 輸出
☐ 수험	受験		☐ 受験
☐ 숙박	宿泊 [숙빡]	(하)	☐ 宿泊
☐ 숙소	宿所 [숙쏘]		☐ 宿
☐ 순간	瞬間		☐ 瞬間
☐ 순위	順位		☐ 順位
☐ 술자리	[술짜리]		☐ 酒席、酒の席
☐ 술집	[술찝]		☐ 飲み屋
☐ 숨			☐ 息、呼吸
☐ 숨기다			☐ 隠す
☐ 숨다	[숨따]		☐ 隠れる、潜む
☐ 숲			☐ 森、林、茂み、やぶ
☐ 쉬다			☐ 呼吸する
☐ -스럽다	[-스럽따]		☐ …(ら)しい、…の様子がうかがえる、…な感じだ、…げだ、…そうだ、…気味だ
☐ 스스로			☐ 自ら、自分で、自然と
☐ 스치다			☐ かすめる、よぎる
☐ 습관	習慣 [습꽌]		☐ 習慣
☐ 시골			☐ 田舎
☐ 시기	時期		☐ 時期、時

語彙	漢字・発音	活用	意味
시끄럽다	[시끄럽따]	【ㅂ】	①騒々しい、やかましい、うるさい ②面倒だ
시다			①すっぱい ②すっぱくなる
시대	時代		時代、時世
시설	施設	(하)	①施設 ②設置すること
시원하다			①涼しい、爽やかだ ②(言行が)はっきりしている ③(味が)さっぱりしている
시장		(하)	おなかがすくこと
시장	市長		市長
식다	[식따]		①冷める、ぬるくなる ②薄らぐ
식물	植物 [싱물]		植物
식초	食酢		(食用の)酢
식탁	食卓		食卓
신경	神経		神経
신형	新型		新型
신호	信号	(하)	信号、合図
싣다	[싣따]	【ㄷ】	①載せる、積む ②掲載する
실례	実例		実例
실수	失手 [실쑤]	(하)	①失敗、失策、しくじり ②失礼
실시	実施 [실씨]	(하,되)	実施
실은	実-		実は
실천	実践	(하,되)	実践
실패	失敗	(하)	失敗、失策、しくじり
실험	実験	(하)	実験
심각하다	深刻-		深刻だ
심다	[심따]		植える、植えつける
심리	心理 [심니]		心理
심부름		(하)	お使い
심장	心臓		①心臓 ②中心部
심하다	甚-		ひどい、はなはだしい、激しい

語彙	漢字・発音	活用	意味
싱겁다	[싱겁따]	【ㅂ】	①(味が)薄い ②つまらない
싸다			①包む、包装する ②(弁当を)つくる
싸움		(하)	戦い、けんか
쌓다			①積む、積み重ねる ②磨く ③築く
쌓이다			①積まれる ②積もる
썩다	[썩따]		腐る
쏟다	[쏟따]		①こぼす、空ける ②ぶちまける ③注ぐ
쓰다		【으】	苦い
쓰러지다			①倒れる ②床につく ③滅びる
쓰레기			ごみ
쓰이다			①使われる ②用いられる
씨			①種 ②血筋 ③もと
씨름		(하)	①シルム、朝鮮相撲 ②真剣に取り込むこと
아기			赤ちゃん、赤ん坊
아깝다	[아깝따]	【ㅂ】	もったいない、おしい
아끼다			①節約する、惜しむ ②大事にする
아니			やっ、あれ
아드님			息子さん(아들の尊敬語)
아랫사람	[아래싸람/아랟싸람]		目下の人
아무데			①どこ(でも) ②どこ(にも)
아무때(나)			いつ(でも)、いかなるとき(でも)
아무래도			どうしても、やはり
아무런			どんな、いかなる
아무리			どんなに、いくら
아무말			一言(も)
아쉽다	[아쉽따]	【ㅂ】	①物足りない、心残りだ ②望ましい
아픔			痛み
악기	楽器[악끼]		楽器
안내	案内	(하,되)	案内

語彙	漢字・発音	活用	意味
안다	[안따]		①抱く、抱える ②いだく
안되다			気の毒で残念だ
안심	安心	(하,되)	安心
안전	安全	(하)	安全
안전히			安全に
알			①卵 ②実 ③玉 ④〜粒、〜玉
알맞다	[알맏따]		適当だ、合う、ふさわしい
알아보다			①調べる、探る、様子を見る ②見分ける ③認める
앓다			①患う、病む ②(胸を)痛める、苦しむ
암기	暗記	(하)	暗記
앞길	[압낄]		①前の道 ②前途、将来 ③目的地までの道のり
앞바다	[압빠다]		沖、沖合
앞서	[압써]		①先に ②先日、先立って
앞서다	[압써다]		先に立つ
애인	愛人		恋人
약간	若干[약깐]		若干、いくらか
약방	薬房[약빵]		薬局、薬屋
얇다	[얄따]		①薄い ②浅はかだ ③色が薄い
양	量		量
얕다	[얃따]		①浅い ②低い ③浅はかだ
어느새			いつのまにか
어디까지나			あくまでも
어딘지			なんとなく、どことなく、どこか
어떠하다			どういうふうだ
어떡하다			どうする
어떻게든			どうにかして、なんとかして
어떻다		【ㅎ】	どのようだ
어떻든지			いずれにしても、ともかく

語彙	漢字・発音	活用	意味
☐ 어려움			☐ 困難、難しさ
☐ 어린애			☐ 幼児
☐ 어머(나)			☐ (女性が)驚いた時に、思わず出す声。あっ、あらまあ
☐ 어쨌든	[어쩯뜬]		☐ とにかく、いずれにせよ
☐ 어학	語学		☐ 語学
☐ 어휘	語彙		☐ 語彙
☐ 언어	言語		☐ 言語
☐ 언제든지			☐ いつでも
☐ 언젠가			☐ いつか
☐ 얼다		【ㄹ】	☐ ①凍る ②凍える ③怖じ気づく
☐ 얼른			☐ 早く、すぐ、素早く
☐ 얼마간	-間		☐ ①いくらか ②当分
☐ 얼마든지			☐ いくらでも
☐ 얼마만큼			☐ どれくらい、どれほど
☐ 얼음			☐ 氷
☐ 업무	業務 [엄무]		☐ 業務
☐ 없애다	[업쌔다]		☐ ①なくす ②やりつくす ③処分する
☐ 없이	[업씨]		☐ ～なしに
☐ 엊그제	[얻끄제]		☐ 2～3日前、数日前
☐ 여관	旅館		☐ 旅館
☐ 여권	旅券 [여꿘]		☐ 旅券、パスポート
☐ 여유	余裕		☐ 余裕、ゆとり
☐ 여전히	如前-		☐ 依然として、相変わらず
☐ 여쭈다			☐ (目上の人に)申し上げる、伺う
☐ 여쭙다	[여쭙따]	【ㅂ】	☐ (目上の人に)申し上げる、伺う
☐ 역	役		☐ 役
☐ 역할	役割		☐ 役割、役目
☐ 연간	年間		☐ ①年間 ②～年間
☐ 연구	研究	(하,되)	☐ 研究

語彙	漢字・発音	活用	意味
☐ 연기	演技	(하)	☐ 演技
☐ 연기	煙気		☐ 煙
☐ 연기	延期	(하, 되)	☐ 延期
☐ 연대	年代		☐ ①年代 ②〜年代
☐ 연령	年齢[연령]		☐ 年齢、年
☐ 연수	研修	(하)	☐ 研修
☐ 연습	演習	(하)	☐ 演習
☐ 연애	恋愛	(하)	☐ 恋愛、恋
☐ 연예인	演芸人		☐ 芸能人、タレント
☐ 연주	演奏	(하, 되)	☐ 演奏
☐ 연휴	連休		☐ 連休
☐ 열	熱		☐ ①熱 ②かっとすること
☐ 열쇠	[열쐬]		☐ 鍵
☐ 엿새	[엳쌔]		☐ 6日間、6日
☐ 영수증	領収書		☐ レシート、領収証
☐ 영역	領域		☐ 領域
☐ 예금	預金	(하, 되)	☐ 預金
☐ 예매	予買	(하, 되)	☐ 前もって買うこと、前売り
☐ 예보	予報	(하, 되)	☐ 予報
☐ 예산	予算	(하)	☐ 予算
☐ 예술	芸術		☐ 芸術
☐ 예습	予習	(하)	☐ 予習
☐ 예약	予約	(하, 되)	☐ 予約
☐ 옛			☐ 昔の、ずっと前の
☐ 오래			☐ 長く、久しく
☐ 오랫동안	[오래똥안/오랟똥안]		☐ 長い間
☐ 오직			☐ ただ、ひたすら、ひとえに
☐ 오히려			☐ むしろ、かえって
☐ 온			☐ 全〜、すべての
☐ 온도	温度		☐ 温度

語彙	漢字・発音	活用	意味
☐ 온천	温泉		☐ 温泉
☐ 옮기다	[옴기다]		☐ ①移す ②訳す
☐ 완전	完全	(하)	☐ 完全
☐ 완전히	完全-		☐ 完全に
☐ 왕	王		☐ ①王 ②…王
☐ 왕복	往復	(하)	☐ 往復
☐ 왜냐하면			☐ なぜならば、なぜかというと
☐ 왠지			☐ なぜだか
☐ 외과	外科 [외꽈]		☐ 外科
☐ 외치다			☐ 叫ぶ、わめく
☐ 요구	要求	(하,되)	☐ 要求
☐ 요금	料金		☐ 料金
☐ 요새			☐ 近ごろ、最近
☐ 욕실	浴室 [욕씰]		☐ 浴室、風呂
☐ 용기	勇気		☐ 勇気
☐ 용돈	用- [용똔]		☐ こづかい
☐ 우리말			☐ 国語、韓国・朝鮮語、私たちの言葉
☐ 우체통	郵遞筒		☐ 郵便ポスト
☐ 우편	郵便		☐ 郵便
☐ 운동장	運動場		☐ 運動場
☐ 운전	運転	(하,되)	☐ 運転
☐ 울리다			☐ ①鳴る ②泣かせる ③鳴らす
☐ 울음			☐ 泣くこと、泣き
☐ 움직이다			☐ ①動く ②動かす
☐ 움직임			☐ 動き
☐ 웃음			☐ 笑い、笑み
☐ 원래	元来 [월래]		☐ 元来、はじめから、そもそも、もともと
☐ 원숭이			☐ サル
☐ 원인	原因		☐ 原因
☐ 원장	院長		☐ 院長

語彙	漢字・発音	活用	意味
☐ 원하다	願-		☐ 望む、願う
☐ 위반	違反	(하,되)	☐ 違反
☐ 위원	委員		☐ 委員
☐ 위치	位置	(하)	☐ ① 位置、場所 ② 地位
☐ 위하다	為-		☐ ①〜のためにする ② 大事にする、いつくしむ、敬う
☐ 위험	危険	(하)	☐ 危険
☐ 윗사람	[윋싸람]		☐ 目上の人
☐ 유리	琉璃		☐ ガラス
☐ 유명	有名	(하)	☐ 有名
☐ 유원지	遊園地		☐ 遊園地
☐ 유자차	柚子茶		☐ 柚子茶
☐ 유지	維持	(하,되)	☐ 維持
☐ 유치원	幼稚園		☐ 幼稚園
☐ 유행	流行	(하,되)	☐ 流行、はやり
☐ 은	銀		☐ 銀
☐ 음			☐ ううん、よし
☐ 음식점	飲食店 [음식쩜]		☐ 飲食店
☐ 응			☐ うん
☐ 의논	議論	(하,되)	☐ 相談、話し合い
☐ 의무	義務		☐ 義務
☐ 의문	疑問	(되)	☐ 疑問
☐ 의식	意識	(하,되)	☐ 意識
☐ 의지	意志		☐ 意志
☐ 이곳저곳	[이곧쩌곧]		☐ あちこち
☐ 이끌다		【ㄹ】	☐ 引く、導く
☐ 이내	以内		☐ 以内
☐ 이념	理念		☐ 理念
☐ 이대로			☐ ①このまま ②このように
☐ 이따가			☐ のちほど

語彙	漢字・発音	活用	意味
이래	以来		以来
이러다			こうする、こう言う
이러저러하다			かくかくしかじかである、そうこうである
이러하다			このようだ
이렇다		【ㅎ】	こうだ、このようだ
이루다			成す、つくりあげる
이르다		【러】	①着く、到着する ②(時間に)なる、至る ③及ぶ、わたる
이르다		【르】	早い
이만		(하)	これぐらいの、この程度の
이모	姨母		おば(母の姉妹)
이미			すでに、とうに
이불			布団
이사	移徙	(하)	引っ越し、移転
이야기되다			①話がつく、話がまとまる ②話される、話題になる
이어(서)			①続いて ②間もなく
이외	以外		以外
이웃			隣、近所
이웃하다			隣接する、隣り合う
이익	利益		利益、もうけ、得
이쯤			このくらい、この程度
이처럼			このように
익다	[익따]		①実る、熟す ②煮える ③漬かる
익히다			①煮る ②身につける、習う
인간	人間		①人間 ②やつ
인구	人口		人口
인류	人類 [일류]		人類
인물	人物		①人物(人、人材、人柄) ②容姿
인분	人分		〜人分

語彙	漢字・発音	活用	意味
☐ 인상	印象		☐ 印象
☐ 인생	人生		☐ 人生、生涯
☐ 인정	人情		☐ 人情、情け
☐ 일과	日課		☐ 日課
☐ 일기	日気		☐ 天気
☐ 일기	日記		☐ 日記
☐ 일단	一旦 [일딴]		☐ いったん、ひとまず
☐ 일반	一般		☐ 一般
☐ 일부	一部		☐ 一部
☐ 일부러			☐ わざと、わざわざ
☐ 일생	一生 [일쌩]		☐ 一生
☐ 일식	日食 [일씩]		☐ 日本食、日本料理
☐ 일용품	日用品		☐ 日用品
☐ 일으키다			☐ ①起こす ②興す
☐ 일정	一定 [일쩡]	(하)	☐ 一定
☐ 일체	一切		☐ 一切、全部
☐ 임금	賃金		☐ 賃金
☐ 입문	入門 [임문]	(하)	☐ 入門
☐ 입원	入院	(하)	☐ 入院
☐ 잊혀지다			☐ 忘れられる
☐ 잎			☐ 葉
☐ 자격	資格		☐ 資格
☐ 자꾸만			☐ しきりに、何度も
☐ 자동	自動		☐ 自動
☐ 자라나다			☐ 成長する、育つ
☐ 자료	資料		☐ 資料
☐ 자르다		【르】	☐ ①切る、切り離す ②区切りをつける ③解雇する
☐ 자막	字幕		☐ 字幕
☐ 자세하다	仔細-		☐ 詳しい、細かい

語彙	漢字・発音	活用	意味
☐ 자세히	仔細-		☐ 詳しく、細かく
☐ 자습	自習	(하)	☐ 自習
☐ 자식	子息		☐ 子息、子ども
☐ 자신	自身		☐ 自分、自身
☐ 자신	自信		☐ 自信
☐ 자연	自然		☐ 自然
☐ 자연히	自然-		☐ 自然に、ひとりでに
☐ 자유	自由		☐ 自由
☐ 자체	自体		☐ 自体
☐ 작가	作家 [작까]		☐ 作家
☐ 작곡	作曲 [작꼭]	(하)	☐ 作曲
☐ 작문	作文 [장문]		☐ 作文
☐ 작사	作詞 [작싸]	(하)	☐ 作詞
☐ 작업	作業		☐ 作業
☐ 작은딸			☐ 下の娘
☐ 작은아들			☐ 下の息子
☐ 작은아버지			☐ 父の弟、おじ
☐ 작은어머니			☐ 父の弟の妻、おば
☐ 작품	作品		☐ 作品
☐ 잔돈	[잔똔]		☐ ①小銭、はした金 ②おつり
☐ 잘나다	[잘라다]		☐ ①秀でている、賢い、偉い ②器量が良い
☐ 잘못되다	[잘몯뙤다]		☐ ①間違う、誤る ②死ぬ
☐ 잘살다			☐ ①豊かな生活をする ②無事に暮らす
☐ 잘생기다			☐ かたちが整っている、ハンサムだ
☐ 잠그다		【으】	☐ ①(鍵、ボタンなどを)かける ②締める
☐ 잠옷			☐ 寝巻き、パジャマ
☐ 잡히다			☐ ①捕れる、(獲物が)かかる ②(気持ちなどが)落ち着く ③握られる ④握らせる ⑤(計画などがおおざっぱに)決まる
☐ 장갑	掌匣・掌甲		☐ 手袋
☐ 장남	長男		☐ 長男

語彙	漢字・発音	活用	意味
☐ 장녀	長女		☐ 長女
☐ 장면	場面		☐ 場面
☐ 장사		(하)	☐ 商売
☐ 장소	場所		☐ 場所
☐ 재료	材料		☐ 材料
☐ 재미			☐ ①楽しさ、面白さ、興味 ②商売の景気、もうけ
☐ 재산	財産		☐ 財産
☐ 재작년	再昨年 [재장년]		☐ 一昨年、おととし
☐ 재판	裁判	(하)	☐ 裁判
☐ 저금	貯金	(하)	☐ 貯金
☐ 저러다			☐ あのようにする、ああする
☐ 저렇다		【ㅎ】	☐ あのようだ
☐ 적			☐ 〜時、〜頃、〜折り、〜際、〜当時
☐ 적극(적)	積極(的) [적끅(쩍)]		☐ 積極(的)
☐ 적다	[적따]		☐ 記入する、書き記す
☐ 적당하다	適当- [적땅하다]		☐ 適当だ、ちょうどよい
☐ 적절하다	適切- [적쩔하다]		☐ 適切だ
☐ 전	全		☐ 全、全ての
☐ 전공	専攻	(하)	☐ 専攻
☐ 전국	全国		☐ 全国
☐ 전기	電気		☐ 電気
☐ 전기	前期		☐ 前期
☐ 전날	前-		☐ ①前日 ②先日
☐ 전문	専門		☐ 専門
☐ 전반	前半		☐ 前半
☐ 전부	全部		☐ 全部、全て
☐ 전원	電源		☐ 電源
☐ 전자	電子		☐ 電子
☐ 전쟁	戦争	(하)	☐ 戦争、いくさ

語彙	漢字・発音	活用	意味
□ 전체	全体		□ 全体、全部
□ 전통	伝統		□ 伝統
□ 전하다	伝-		□ ①伝える、知らせる、広める ②伝授する
□ 전후	前後	(하)	□ 前後
□ 절		(하)	□ お辞儀、会釈
□ 절			□ 寺
□ 점원	店員		□ 店員
□ 점점	漸漸		□ だんだん、徐々に、次第に
□ 점차	漸次		□ だんだん、徐々に、次第に
□ 정	情		□ 情
□ 정류장	停留場 [정뉴장]		□ 停留場、停留所
□ 정리	整理 [정니]	(하,되)	□ 整理
□ 정보	情報		□ 情報
□ 정부	政府		□ 政府
□ 정신	精神		□ 精神、心、魂、意識
□ 정치	政治		□ 政治
□ 정확	正確	(하)	□ 正確
□ 젖다	[전따]		□ 浸る、ぬれる、染まる
□ 제공	提供	(하,되)	□ 提供
□ 제대로			□ 思いどおりに、まともに、きちんと
□ 제법			□ なかなか、かなり
□ 제외	除外	(하,되)	□ 除外
□ 제품	製品		□ 製品
□ 조건	条件 [조껀]		□ 条件
□ 조금씩			□ 少しずつ
□ 조사	調査	(하,되)	□ 調査
□ 조심	操心	(하)	□ 用心すること
□ 조용하다			□ 静かだ
□ 조용히			□ 静かに
□ 조직	組織	(하,되)	□ 組織

語彙	漢字・発音	活用	意味
☐ 조카			☐ 甥、姪
☐ 졸다		【ㄹ】	☐ 居眠りする
☐ 종교	宗教		☐ 宗教
☐ 종류	種類 [종뉴]		☐ 種類
☐ 종합	綜合	(하,되)	☐ 総合
☐ 좌우	左右	(하,되)	☐ 左右
☐ 주간	週間		☐ 週間
☐ 주고받다	[주고받따]		☐ やり取りする
☐ 주로	主-		☐ 主に、主として
☐ 주머니			☐ ①巾着、財布 ②袋 ③ポケット
☐ 주먹			☐ こぶし、げんこつ
☐ 주문	注文	(하)	☐ 注文
☐ 주민	住民		☐ 住民
☐ 주변	周辺		☐ 周辺
☐ 주사	注射	(하)	☐ 注射
☐ 주위	周囲		☐ 周囲
☐ 주의	主義		☐ 主義
☐ 주인	主人		☐ 主人、持ち主
☐ 주인공	主人公		☐ 主人公
☐ 주장	主張	(하,되)	☐ 主張
☐ 주제	主題		☐ 主題
☐ 죽음			☐ 死
☐ 죽이다			☐ ①殺す ②かっこいい、すごい
☐ 줄			☐ ①綱、縄 ②列 ③線 ④行 ⑤縁 ⑥〜列、〜行、〜連 ⑦〜代、〜レベル、〜水準
☐ 줄다		【ㄹ】	☐ 減る
☐ 줄이다			☐ ①減らす ②縮める
☐ 중간	中間		☐ 中間
☐ 중심	中心		☐ 中心
☐ 중앙	中央		☐ 中央

語彙	漢字・発音	活用	意味
□ 중지	中止	(하,되)	□ 中止
□ 쥐			□ ネズミ
□ 쥐다			□ ①握る、つかむ ②握られる ③握らせる
□ 즐겁다	[즐겁따]	【ㅂ】	□ ①楽しい ②うれしい
□ 즐기다			□ ①楽しむ ②好む
□ 지구	地球		□ 地球
□ 지나가다			□ ①過ぎる ②(頭を)かすめる ③通り過ぎる
□ 지나치다			□ ①度を越す、度が過ぎる ②通り過ぎる
□ 지니다			□ ①身に着ける、持つ ②(人格などを)備えている
□ 지다			□ ①背負う ②受ける
□ 지다			□ ①散る、落ちる ②消える、なくなる ③沈む、暮れる
□ 지르다		【르】	□ ①突く ②挿す ③突っ切る ④火をつける ⑤(鼻に)つく
□ 지배	支配	(하,되)	□ 支配
□ 지불	支払	(하,되)	□ 支払い
□ 지붕			□ 屋根
□ 지상	地上		□ 地上
□ 지시	指示	(하,되)	□ 指示
□ 지역	地域		□ 地域
□ 지우개			□ 消しゴム
□ 지우다			□ なくす、消す、落とす
□ 지치다			□ 疲れる、くたびれる
□ 지켜보다			□ 見守る、世話する
□ 지하	地下		□ 地下
□ 직원	職員		□ 職員
□ 직장	職場 [직짱]		□ 職場
□ 직접	直接 [직쩝]		□ 直接
□ 진실	真実	(하)	□ 真実

語彙	漢字・発音	活用	意味
진지			お食事（밥の尊敬語）
진행	進行	(하,되)	進行
질	質		質
짐			①荷物 ②負担 ③やっかいなこと
집다	[집따]		①握る、持つ、つまみ上げる ②つまむ、はさむ ③拾う
집단	集団[집딴]		集団、集まり
집사람	[집싸람]		家内
집안			①身内、一族 ②家の中
집중	集中[집쭝]	(하,되)	集中
짙다	[짇따]		①濃い ②深い
-짜리			①…に値するもの ②「その数量からなる」ものの意味を表す。〜組、全〜
짝		(하)	①一対のものの片方 ②ペア
짝사랑	[짝싸랑]	(하)	片思い
쪽			①ページ ②〜ページ
찌다			(肉が)つく、太る
차	差		差
차갑다	[차갑따]	【ㅂ】	冷たい
차다			①満ちる ②達する、及ぶ ③満足する
차다			(身に)つける、さげる
차다			①蹴る ②舌を鳴らす ③振る、拒む
차라리			むしろ、いっそう、かえって
차리다			①準備する、整える ②構える ③装う ④つくろう
차비	車費		交通費、電車代、バス代、車代
차표	車票		乗車券、切符
착하다			正しくてよい、善良だ、おとなしい、やさしい
참가	参加	(하)	参加

語彙	漢字・発音	活用	意味
참기름			ゴマ油
참다	[참따]		こらえる、我慢する
참석	参席	(하)	出席、列席
창	窓		窓（창문の縮約形）
채우다			補う、満たす
책가방	冊 - [책까방]		ランドセル、学生カバン
책임	責任		責任
책장	冊欌 [책짱]		本棚、本箱
챙기다			① 取りそろえる ② 片づける ③ 準備する ④ 着服する
처녀	処女		娘、乙女
처리	処理	(하,되)	処理
처지	処地		立場、状態
천만	千万		① 数え切れないほどの数 ② まったく意外なこと
철저하다	徹底 - [철쩌-]		徹底している
철저히	徹底 - [철쩌-]		徹底して
첫			初めての、最初の
첫날	[천날]		初日
첫사랑	[첟싸랑]		初恋
첫째	[첟째]		一番目、第一
청년	青年		青年、若者
청소	清掃	(하)	清掃、掃除
청소기	清掃機		掃除機
체육	体育		体育、スポーツ
체조	体操	(하)	体操
체험	体験	(하,되)	体験
쳐다보다			① 見上げる ② 見つめる ③ 眺める
초기	初期		初期
초대	招待	(하,되)	招待

語彙	漢字・発音	活用	意味
☐ 초록(색)	草緑(色)[초록(쌕)]		☐ 緑(色)
☐ 초밥	鮨 -		☐ すし
☐ 최고	最高		☐ 最高
☐ 최근	最近		☐ 最近
☐ 최대	最大		☐ 最大
☐ 최소	最小		☐ 最小
☐ 최신	最新		☐ 最新
☐ 최악	最悪		☐ 最悪
☐ 최저	最低		☐ 最低
☐ 최종	最終		☐ 最終
☐ 최초	最初		☐ 最初
☐ 최후	最後		☐ 最後、最終
☐ 추가	追加	(하,되)	☐ 追加
☐ 추다			☐ 踊る、舞う
☐ 축제	祝祭[축쩨]		☐ 祝祭、祭り
☐ 출근	出勤	(하)	☐ 出勤
☐ 출석	出席[출썩]	(하)	☐ 出席
☐ 출입	出入	(하)	☐ 出入り
☐ 출장	出張[출짱]	(하)	☐ 出張
☐ 춤			☐ 踊り
☐ 충격			☐ 衝撃
☐ 충분하다	充分 -		☐ 十分だ、足りる
☐ 충분히			☐ 十分に
☐ 충전	充電	(하,되)	☐ 充電
☐ 취소	取消	(하,되)	☐ 取り消し、解消
☐ 취직	就職	(하,되)	☐ 就職
☐ 취하다	酔 -		☐ 酔う
☐ 측	側		☐ ～側、～の側
☐ 치다			☐ (線を)引く、描く
☐ 치다			☐ かける、ふりかける、さす

	語彙	漢字・発音	活用	意味
ㅊ	☐ 치다			☐ (試験を)受ける、経験する
	☐ 치다			☐ (大声を)上げる
	☐ 치료	治療	(하,되)	☐ 治療
	☐ 치르다		【으】	☐ ① 支払う ② 経験する、行う ③(食事を)済ませる
	☐ 치약	歯薬		☐ 歯みがき粉
	☐ 친절	親切	(하)	☐ 親切
	☐ 친척	親戚		☐ 親戚、親類、身内
	☐ 친하다	親-		☐ 親しい
	☐ 친히	親		☐ ① 親しく ② 自ら
	☐ 칠하다	漆-		☐ 塗る
	☐ 침대	寝台		☐ ベッド、寝台
ㅋ	☐ 커다랗다		【ㅎ】	☐ 非常に大きい
	☐ 크기			☐ 大きさ、サイズ
	☐ 큰딸			☐ 長女
	☐ 큰물			☐ 大水、洪水
	☐ 큰비			☐ 大雨、豪雨
	☐ 큰소리			☐ ① 大声 ② 大言、大口
	☐ 큰아들			☐ 長男
	☐ 큰아버지			☐ 父の長兄、おじ
	☐ 큰어머니			☐ 父の長兄の妻、おば
	☐ 큰일			☐ 重大なこと、たいへんなこと
	☐ 키우다			☐ ① 大きくする ② 育てる
ㅌ	☐ 타다			☐ ① 燃える、焼ける ② 焦げる ③(気が)あせる、いらいらする
	☐ 탁구	卓球 [탁꾸]		☐ 卓球
	☐ 태권도	跆拳道 [태꿘도]		☐ テコンドー
	☐ 태도	態度		☐ 態度、ようす、身構え
	☐ 태양	太陽		☐ 太陽
	☐ 태어나다			☐ 生まれる

語彙	漢字・発音	活用	意味
태우다			①焼く、燃やす ②焦がす ③(心を)悩ます
태우다			①乗せる ②渡らせる ③滑らせる
태풍	台風		台風
터지다			①突然起こる ②裂ける ③どっと出る
털			①毛、ひげ ②毛糸、ウール
털다		【ㄹ】	①はたく ②ぶちまける ③かっさらう
토끼			ウサギ
토론	討論	(하,되)	討論
통	筒		筒
통근	通勤	(하)	通勤
통역	通訳	(하)	通訳
통일	統一	(하,되)	統一
통화	通話	(하)	通話
퇴근	退勤	(하)	退勤、退社
특기	特技[특끼]		特技
특별	特別[특뼐]	(하)	特別
특별히	特別-[특뼈리]		特別に
특성	特性[특썽]		特性
특징	特徴[특찡]		特徴
특히	特-		特に
틀림없다	[틀리멉따]		間違いない、確かだ
틀림없이	[틀리멉씨]		間違いなく、確かに
틈			①すき間 ②ひび ③暇
티켓			チケット
팀			チーム
파다			①掘る ②彫る ③掘り下げる ④えぐる
파도	波濤		波
파랗다		【ㅎ】	青い
판단	判断	(하,되)	判断
판매	販売	(하,되)	販売

語彙	漢字・発音	活用	意味
☐ 팔리다			☐ 売れる
☐ 퍼지다			☐ 広がる、行き渡る
☐ 편	便		☐ ①仲間、味方、組、チーム ②〜方、〜側
☐ 편리하다	便利 -[펼리하다]		☐ 便利だ、都合がいい
☐ 펼치다			☐ 広げる
☐ 평가	評価 [평까]	(하,되)	☐ 評価
☐ 평균	平均	(하)	☐ 平均
☐ 평일	平日		☐ 平日
☐ 평화	平和		☐ 平和
☐ 포기	抛棄	(하,되)	☐ 放棄
☐ 포도	葡萄		☐ ブドウ
☐ 포함	包含	(하,되)	☐ 包含、含むこと
☐ 폭	幅		☐ ①幅 ②範囲
☐ 표정	表情		☐ 表情、顔つき
☐ 표현	表現	(하,되)	☐ 表現
☐ 푸르다		【러】	☐ ① 青い ② はつらつとしている ③ 熟しきっていない
☐ 푹			☐ ①ぶすっと ②じっくり ③ぐっすり(と)、ゆったり(と) ④ぼこっ(と)
☐ 풀			☐ 草
☐ 풀			☐ 糊
☐ 풀리다			☐ ①ほどける ②ほぐれる ③解ける ④和らぐ
☐ 풍부하다	豊富 -		☐ 豊富だ、豊かだ
☐ 프로그램			☐ プログラム、番組(프로とも)
☐ 피곤하다	疲困 -		☐ 疲れている、くたびれている
☐ 피부	皮膚		☐ 皮膚、肌
☐ 피시			☐ パソコン
☐ 피하다	避 -		☐ 避ける
☐ 피해	被害		☐ 被害

ㅍ

ㅎ

語彙	漢字・発音	活用	意味
하나같이	[하나가치]		一様に
하루 종일	-終日		一日中
하루하루			①毎日毎日、その日その日 ②日ごとに、日に日に
하얗다		【ㅎ】	白い
학급	学級[학끕]		学級、クラス
학비	学費[학삐]		学費
학습	学習[학씁]	(하,되)	学習
학자	学者[학짜]		学者
한	限		限り
한꺼번에			一度に、一緒に
한동안			一時、しばらく
한둘			一つか二つ
한때			ひととき、ある時
한류	韓流[할류]		韓流
한마디			一言
한반도	韓半島		朝鮮半島
한숨			①一息 ②一休み、一眠り ③ため息
한식	韓食		韓国料理
한잠			①熟睡 ②一眠り
한참			①しばらく ②はるかに、ずっと
한편	-便		①一方 ②同じ側、味方
함부로			むやみに、やたらに
합격	合格[합껵]	(하,되)	合格
합치다	合-		合わせる、取り混ぜる、合計する
항상	恒常		いつも、常に
해결	解決	(하,되)	解決
해내다			やりとげる
핸드폰			携帯電話
햇빛	[해삗/핻삗]		①日の光 ②日の目

46

語彙	漢字・発音	活用	意味
☐ 행동	行動	(하)	☐ 行動
☐ 행복	幸福	(하)	☐ 幸福
☐ 행사	行事		☐ 行事、催し、イベント
☐ 향하다	向-		☐ ①向く、面している ②向かう
☐ 헤어지다			☐ 別れる、離れる
☐ 현금	現金		☐ 現金
☐ 현대	現代		☐ 現代
☐ 현상	現象		☐ 現象
☐ 현실	現実		☐ 現実
☐ 현재	現在		☐ 現在
☐ 형님	兄-		☐ ①お兄さん ②夫の兄嫁
☐ 형식	形式		☐ 形式
☐ 형편	形便		☐ ①成り行き、ありさま、状況、具合 ②暮らし向き ③事情、都合
☐ 호랑이	虎狼-		☐ ①トラ ②非常に恐ろしい人
☐ 호주머니			☐ ポケット
☐ 혹은	或-		☐ あるいは
☐ 혼잣말	[혼잔말]	(하)	☐ 独り言
☐ 화	火		☐ 怒り、憤り
☐ 화장	化粧	(하)	☐ 化粧
☐ 확실	確実 [확씰]	(하)	☐ 確実
☐ 확실히	確実- [확씨리]		☐ 確実に
☐ 확인	確認	(하,되)	☐ 確認
☐ 환경	環境		☐ 環境
☐ 환영	歓迎	(하)	☐ 歓迎
☐ 환자	患者		☐ 患者、病人
☐ 환전	換銭	(하)	☐ 両替
☐ 활동	活動 [활똥]	(하)	☐ 活動
☐ 회원	会員		☐ 会員
☐ 회장	会長		☐ 会長

語彙	漢字・発音	活用	意味
☐ 효과	効果 [효과]		☐ 効果、効き目
☐ 후기	後期		☐ 後期
☐ 후반	後半		☐ 後半
☐ 후배	後輩		☐ 後輩
☐ 후보	候補		☐ 候補
☐ 후춧가루	[후추까루/후춘까루]		☐ こしょう(胡椒)
☐ 훈련	訓練 [훌련]	(하,되)	☐ 訓練
☐ 훌륭하다			☐ 立派だ、素晴らしい
☐ 훨씬			☐ ずっと、はるかに
☐ 휴식	休息	(하)	☐ 休息、休み
☐ 휴일	休日		☐ 休日、休み
☐ 휴지	休紙		☐ ちり紙、鼻紙
☐ 휴지통	休紙桶		☐ ゴミ箱、くずかご
☐ 흐름			☐ 流れ
☐ 흔들다		【ㄹ】	☐ 振る、揺らす
☐ 흔들리다			☐ 揺れる、そよぐ、ぐらつく
☐ 흔하다			☐ ありふれている
☐ 흔히			☐ よく、多く
☐ 흘리다			☐ ①流す ②こぼす ③紛失する
☐ 흙			☐ 土、泥
☐ 흥미	興味		☐ 興味
☐ 희망	希望	(하)	☐ 希望、望み
☐ 힘껏			☐ 力の限り、精いっぱい
☐ 힘쓰다		【으】	☐ ①力を出す ②努力する ③苦労する ④手助けをする
☐ 힘차다			☐ ①力強い、非常に元気だ ②力に余る